*Los cinco minutos
de la Madre Teresa*

Los cinco minutos de la Madre Teresa

Un diario de reflexiones,
oraciones y anécdotas
recopiladas por el P. Angelo Scolozzi.

Editorial Claretiana

Teresa de Calcuta, Madre

Los cinco minutos de la Madre Teresa 1a ed.
11va reimp. Buenos Aires: Claretiana, 2018.

240 p.; 17x11 cm.
ISBN 9789505123803

1. Literatura Piadosa I. Título
CDD 291.432.

Título original:
Thirsting for God

© 1999 by Servant Publications

Traducción y adaptación:
Néstor Dante Saporiti

Diseño de tapa:
Grupo Uno

ISBN 9789505123803
© Editorial Claretiana, 2000

EDITORIAL CLARETIANA
Lima 1360 C1138ACD Buenos Aires
República Argentina
Tel: 43059510/9597 – Fax: 43056552
Email: contacto@claretiana.org
www.claretiana.org

Prólogo

Todas las personas exitosas son impulsadas por un gran ideal, un llamado que, como un motor interior, las mueve apasionadamente a realizar muchísimas cosas a lo largo de su vida.

La Madre Teresa fue una de ellas. En el Salmo 42,3 leemos: «Mi alma tiene sed de Dios». A la luz de este texto bíblico, podríamos decir que ella fue realmente consumida por esta sed y que esta sed fue ese motor interior del que hablábamos más arriba.

A propósito de esto, un psiquiatra estadounidense fue hace unos años a Calcuta con la intención de escribir un libro sobre el éxito y quiso entrevistar a dos personas que vivían allí: el señor Birla, uno de los hombres más ricos de la India, y la Madre Teresa. Toda su entrevista consistió en hacerles una sola pregunta: *¿Cuál es el secreto de su éxito?*

Desconozco cuál puede haber sido la respuesta del señor Birla, pero la de la Madre Teresa fue ésta: *El secreto de mi éxito es la sed de Jesús: Amar a los demás como Dios me ama a mí.*

Justamente, hacia el final de su vida escribió un mensaje especial llamado «Tengo sed» a todos los Misioneros y Misioneras de la Caridad. Cito del manuscrito el siguiente pensamiento: *Un único secreto. Más cerca estamos de Jesús, mejor sabemos de qué está sediento.*

Saciar la sed de Jesús fue el motivo por el que la Madre Teresa fundó sus familias religiosas. Este particular «llamado dentro del llamado» –como ella le decía– lo recibió durante el ya conocido tren que la conducía a Darjeeling, a los pies del Himalaya, el 10 de setiembre de 1947.

Ese día, conocido como el Día de la Inspiración, es celebrado corrientemente por todos los Misioneros y Misioneras de la Caridad.

Por este motivo, la primera edición de las «Constituciones de las Misioneras de la Caridad de Calcuta, Año Mariano 1954» dice:

La finalidad de la Congregación es saciar la sed de Jesucristo sobre la cruz por amor de las almas (Iª Parte, Cap. 1).

El espíritu de esta frase hizo que la Madre Teresa llegara a ser quien fue y la impulsó durante su vida a hacer las cosas que hizo. En la mañana del día de su muerte, el 5 de setiembre de 1997, en su última carta general, que quedó sin firmar, escribió:

Ya estamos cerca del 10 de setiembre, y esa es una buena ocasión para pararnos junto a María, al pie de la cruz, escuchar que Jesús tiene sed y responderle con todo nuestro corazón.

Los cinco minutos de la Madre Teresa es una especie de diario espiritual, una recopilación de reflexiones, meditaciones, oraciones, y algunos recuerdos personales de la Madre. He tratado de recuperar algunas de sus inolvidables experiencias de vida en las que siempre demostraba ser tan realista y tan maternal.

A pesar de la gran variedad de obras publicadas sobre su vida y sus pensamientos, por mi parte, muchas de las historias y reflexiones que presento en este libro son personales e inéditas. En términos generales he seguido el calendario litúrgico romano, colocando citas relativas a las fiestas de Jesús, María y los santos, cada vez que esto fue posible.

El sentido del año litúrgico no era un punto demasiado fuerte para la Madre Teresa, quien seguía un camino más bien devocional. He tratado de combinar el calendario y la espontaneidad para darle un toque de frescura a su experiencia espiritual. Para esto me he valido de un manuscrito compuesto por las hermanas mayores del primer grupo para la renovación espiritual de su familia religiosa. Ellas juntaron esos pensamientos como un regalo para la Madre Teresa, y luego la Madre me lo obsequió.

He seleccionado extractos de ese material originariamente destinado a las hermanas, incorporándole nuevos elementos que lo hagan más aprovechable para los laicos, sin olvidar las necesidades de los voluntarios y los miembros de mi propia comunidad, la Tercera Orden de los Misioneros de la Caridad.

Durante su composición, repetidas veces me pregunté cuántos laicos pueden identificarse hoy con el ideal propuesto por el texto. Más allá de la rigidez ascética que la caracterizaba, indudablemente la realidad espiritual de la Madre Teresa fue y es un indivisible amor por Cristo, expresado a través de los votos de pobreza, castidad y obediencia y por un especial cuarto voto de servicio libre y total a los más pobres entre los pobres.

A la Madre Teresa, en su deseo de dar gloria a Dios y hacer el bien a las personas, le hubiera gustado ofrecer su ideal de consagración a todos los que estuvieran dispuestos a escucharla.

La invitación a la perfección en el Evangelio es: *El que tenga oídos, ¡que oiga!* (Mt 11,15). Y en las Bienaventuranzas, consideradas inclusive por Mahatma Gandhi como el corazón del mensaje evangélico, leemos: *Felices los que tienen hambre y sed de justicia, porque serán saciados* (Mt 5,6). A ellos, a los que comparten esta sed de Jesús con la Madre Teresa, van dirigidas estas páginas para que las «oigan» con el corazón.

Espero que este apasionante espíritu que condujo a la Madre Teresa hasta los umbrales de la santidad inspire y guíe a muchos de nosotros al comenzar este nuevo milenio.

Padre *Angelo Scolozzi*
Responsable de la Tercera Orden
de los Misioneros de la Caridad

Enero

Enero 1

Comiencen este nuevo año con un propósito: Vivan exclusivamente para Jesús y con Jesús y serán felices y santos a lo largo de todo el año. Dedíquense a la oración, a vivir en unión íntima con Dios y en una profunda y gozosa caridad. Sean verdaderos discípulos de Jesús en sus pensamientos, palabras y obras: si viven esto en sus familias, irradiarán luz a todo el mundo.

Que cada uno de nosotros tome esta decisión: «A lo largo de este año trataré de no faltar a la caridad.»

Enero 2

Hagamos que este año sea, particularmente, un año de paz. Por eso, tratemos de hablar más con Dios y a Dios y menos cosas inútiles con las personas y a las personas. Entonces, desde el silencio de nuestros corazones, podremos predicar la paz de Cristo como lo hizo Él, es decir, haciendo el bien a los demás.

Enero 3

Nuestro carisma es el de saciar la sed de Jesús trabajando con amor por los más pobres entre los pobres. Nada más que esto.

Sólo escuchando, sintiendo, respondiendo a esa sed con todo nuestro corazón, nuestra comunidad perdurará en el tiempo.

Si vivimos esto, todo irá bien, porque la sed de Jesús nunca nos abandonará; sediento en el pobre, estará siempre en medio de nosotros.

Enero 4

Los apóstoles se dedicaron tanto a la oración como a predicar el Evangelio en todo el mundo. Su ejemplo nos enseña que cuanto más gracias recibimos a través de la oración, más debemos compartirlas en nuestro apostolado. Por lo tanto, en las calles, en la villa, en el trabajo, en casa, rezaremos con todo nuestro corazón.

Enero 5

(De una carta escrita por la Madre Teresa a su confesor, P. Celeste Van Exem sj, desde el Convento de Entally, Calcuta, 1947.)

Vine a la India con la única esperanza de ayudar a tantas personas y obtener la palma del martirio. El trabajo que he realizado en todos estos años como profesora en el convento de Loreto me ha ayudado mucho a colmar este deseo. Pero ahora, en este último año, Dios me ha dirigido un llamado dentro del llamado, una vocación dentro de la vocación: servir a los más pobres entre los pobres en los ambientes más marginales. Este anhelo se ha vuelto cada vez más fuerte y más claro en cada misa y en cada comunión, a tal punto que no deseo otra cosa que llevarlo a cabo.

Enero 6

Alguien me preguntó: *¿Cuándo llegará el día en que la pobreza desaparecerá?* Yo le contesté que esto sucederá cuando todos nos demos a los demás, cuando compartamos lo que tenemos y lo que somos. Por lo tanto, tenemos que amar hasta que nos duela.

Enero 7

La vida espiritual comienza con una buena y sincera reconciliación. ¿Por qué acudir al sacramento de la reconciliación? Porque necesitamos ser libres. Si nos escondemos detrás del pecado o somos dominados por él, no podemos ser libres. El pecado es como una cadena: poco a poco nos ata y, así, destruye nuestra vida. Participar del sacramento de la reconciliación es tan importante para Jesús como para nosotros. Es una acción en común: Jesús y nosotros.

Enero 8

Jesús nos muestra su humildad cuando, siendo el Hijo de Dios, elige estar presente en medio de nosotros bajo la forma del pan, en la Eucaristía. Sin embargo, la humildad no significa esconder los dones que Dios nos ha dado.

La humildad es la verdad, es la sinceridad, es la pobreza y es también la libertad que brinda la pobreza. La humildad, en definitiva, es el conjunto de todos estos elementos. Si realmente somos humildes, nos damos cuenta de cuán pequeños somos y de lo mucho que necesitamos de Dios; entonces no vamos por mal camino.

Enero 9

(Del diario de la Madre Teresa)

Los niños me aguardaban a los pies del puente. Eran cuarenta y uno y estaban muy limpios. A los que no estaban limpios los lavé en el tanque de agua. Después de esta primera lección de higiene, tuvimos catecismo y lectura. Me he divertido mucho con ellos, ya que nunca antes había enseñado a niños tan pequeños.

Usamos el suelo como pizarrón. Todos estaban muy contentos, y después de la clase de manualidades fuimos a visitar a los enfermos. Nos invitaron a entrar en una «para» (casa) musulmana para ver a un niño y a una mujer anciana. También visitamos una familia hindú: la mamá se estaba muriendo de tuberculosis. Me pidieron que fuera a verla más seguido. Volví a casa temprano para poder escribir...

Enero 10

Todo ser humano siente nostalgia de Dios, aunque los cristianos tenemos algo más: no sólo buscamos a Dios sino que, al mismo tiempo, gozamos de su presencia permanente en medio de nosotros. También tenemos la alegría de estar muy cerca de Él cuando comulgamos. Pero para Jesús no fue suficiente convertirse en el Pan de Vida, sino que también se transformó en el hambriento, escondiéndose en el pobre. No podemos amar a Jesús solamente en la Eucaristía, sino que tenemos que poner ese amor en acción, sirviendo a los pobres. No podemos separar la Eucaristía de los pobres.

Enero 11

Ya han pasado once días de este nuevo año. El tiempo corre muy rápido. Por eso, pensemos en la prontitud con que María fue a visitar a su prima Isabel. Dios la eligió porque estaba «llena de gracia» y al mismo tiempo llena de humildad.

Al hacerse *una* con la Palabra de Dios, María fue colmada de celo apostólico por llevar a Jesús a los demás a través de un servicio de caridad.

No se dejó distraer por el hecho de llevar al Hijo de Dios en sus entrañas ni por la alegría o el dolor que iba a experimentar por ser la Madre de Dios y de la humanidad.

Enero 12

Si vivimos unidos a Dios, si estamos dispuestos a hacer su voluntad, si dejamos que cuente con nosotros para lo que sea, entonces seremos las personas más felices de este mundo.

Para ser felices de esta manera, debemos pertenecer completamente a Jesús, sin reservas. Él sólo desea nuestro amor, nuestra total entrega. Una vez que le pertenezcamos, entonces sí podrá disponer de nosotros para lo que nos necesite.

Enero 13

«Tengo sed». Escúchalo pronunciar tu propio nombre, no sólo una sino varias veces. Escúchalo con el corazón; lo oirás y lo comprenderás.

Enero 14

Pregúntate a ti mismo: ¿amas libremente? ¿Te has puesto totalmente en las manos de Dios? La confianza y la entrega total se realizan en la intimidad del amor y del conocimiento

Jesús tuvo una confianza inamovible en su Padre. En el Huerto de los Olivos, rezando, dijo: *Padre, si quieres, aleja de mí este cáliz. Pero que no se haga mi voluntad, sino la tuya.* Luego, en el calvario suplicó: *Padre, perdónalos…*

Esta confianza era el fruto del íntimo conocimiento y amor por su Padre. Jesús confió toda su vida y su misión en las manos de su Padre. En eso consiste el amor: confiar totalmente en el otro. ¿Tenemos esa misma confianza?

Enero 15

Christo Prem Prachanta: «Predícanos el Amor de Cristo». Esto es lo que los pobres nos piden.

Un señor hindú muy distinguido vino a nuestra casa para moribundos pobres en Calcuta. Yo estaba lavando las llagas de un enfermo cuando me miró y dijo: *Su religión debe ser auténtica si la ayuda a hacer esto.* No fue necesario que le dijera que se lo estaba haciendo a Jesús; la acción fue suficiente. Él llegó a la conclusión de que para ser capaces de hacer esto debíamos estar convencidos de nuestro llamado.

Estoy tocando a Cristo, lo estoy sirviendo a Él, estoy convencida de que esa persona que sufre es Él. La fe es el amor en acción, no en sentimientos.

Enero 16

En nuestra vida, Jesús se nos ofrece como el Pan de Vida para ser comido, consumido por nosotros. Este es el modo en que nos ama. Luego, Jesús se hace ver en el hambriento, en el prójimo, con la esperanza de ser alimentado por el amor de nuestro corazón, por el servicio de nuestras manos.

Haciendo esto, demostramos que fuimos creados a imagen y semejanza de Dios. Dios es amor y, cuando amamos, somos como Dios. Esto es lo que quiso decir Jesús cuando nos invitó a «ser perfectos como el Padre del Cielo.»

Enero 17

Nuestro deber es saciar la sed de Jesús trabajando por la promoción de los pobres en los lugares más marginados. Nuestro Señor eligió a los apóstoles para convertirlos en pescadores de hombres, llevando la salvación a muchas personas. Las Escrituras nos dicen que no somos nosotros los que lo hemos elegido, sino que fue Él quien nos eligió a nosotros. Nos llamó a perseverar y dar fruto y este fruto permanecerá.

Enero 18

La castidad es, para los religiosos, un amor indivisible y exclusivo por Dios. Nada ni nadie puede alejarnos de Él.

Si has faltado a la castidad, confiésate ahora mismo y punto. La misericordia de Dios es más grande que tu pecado. No tengas miedo, ni seas escrupuloso o ansioso. Cuando vas a confesarte, eres un pecador con pecados. Después de la confesión, un pecador sin ellos.

Enero 19

Dependemos únicamente de la Divina Providencia. No aceptamos subvenciones de los gobiernos, no aceptamos donaciones de la Iglesia, no aceptamos salarios. Hemos consagrado nuestras vidas a los más pobres entre los pobres, dándoles, con nuestro servicio sincero y libre, la alegría de ser amados. La gente anhela ser amada, y nosotros tenemos que llevarles la ternura y el amor de Dios, lo cual es un permanente desafío.

Enero 20

Entréguense firmemente a Dios. Hagan todo para su gloria, según su santa voluntad. Una obediencia a Dios rápida, simple, ciega, alegre, es la prueba de una fe auténtica.

Si Dios ama a quien da con alegría, ¡cuánto más no amará a quien lo obedece! Debemos obedecer con todo nuestro corazón, con todo nuestro ser, como Jesús, que obedeció hasta la muerte, la muerte en la cruz.

Enero 21

La razón de nuestra existencia es saciar la sed de Jesucristo. Cuando desde la cruz pide agua, el soldado le da a beber vinagre. Pero en realidad su sed era de amor, de personas, sed de cada uno de nosotros.

Enero 22

Todos tenemos que crecer con la clara convicción de que debemos ser santos como Jesús es santo. La santidad es uno de los dones más preciados que el corazón del hombre puede ofrecerle a Dios.

Serviremos a Dios en sus pobres si hacemos por ellos lo que nos gustaría hacer por Él. Éste es el secreto de nuestra santidad: conocer a Jesús, amar a Jesús y servir a Jesús en quienes nos rodean. De esta manera, seremos «profesionales» de la santidad.

Enero 23

La alegría es oración. La alegría es fuerza. La alegría es amor. La alegría es una red que conquista el corazón de los demás. Dios ama a quien da con alegría, porque damos más cuando damos con alegría. ¡Qué bueno sería aceptar con alegría las dificultades de la vida cotidiana! ¡Con una gran sonrisa! En esta actitud, los demás verían tus buenas obras y glorificarían al Padre.

La mejor manera de mostrar tu gratitud a Dios y a los demás es aceptar todo con alegría. Un corazón alegre es el reflejo de un corazón que arde de amor.

Enero 24

En el Evangelio, Zaqueo fue un hombre pequeño que quería ver a Jesús. Trató de hacerlo de diferentes maneras, pero no lo logró hasta que aceptó que era pequeño. Esta aceptación es lo que le permitió dar el paso siguiente, afrontar la humillación de tener que treparse a un árbol, con lo que no sólo vería a Jesús, sino que, además, todos verían que era muy pequeño. Nosotros necesitamos tener ese mismo tipo de humildad.

Enero 25

Debemos ser como San Pablo. Una vez que experimentó que Jesús lo amaba, no se preocupó por más nada. No se angustió cuando fue castigado o llevado a la cárcel. Una cosa sola fue importante para él: Jesucristo.

Enero 26

Jesús, el Hijo de Dios, fue enviado por su Padre para proclamar la Buena Noticia. Estaba completamente convencido de que el Padre llevaría adelante su plan de salvación a pesar del aparente fracaso de su misión. Durante treinta años en Nazaret, lo conocieron sólo como el hijo de José y María. También ellos se habrán maravillado ante este hecho.

La gente le dijo que estaba loco, que era un embustero; lo abofetearon, lo agredieron y lo crucificaron. Todo pareció ser un fracaso total. Sin embargo, Él sabía que, a pesar de todo, la voluntad de su Padre se cumpliría. ¿Nosotros tenemos esa misma confianza?

Enero 27

Encuentren al menos un aspecto positivo en los demás y, a partir de allí, relaciónense con ellos. En la familia, agradezcan a cada persona por todo lo que reciben de ella. No dejen de mencionar el bien que hacen los demás. En pocas palabras, un amor comprensivo, un amor que ve lo bueno en los otros, debería ser el objetivo de nuestras vidas.

Enero 28

El primer paso para alcanzar la santidad es desearla. Santo Tomás de Aquino dijo: «La santidad no consiste en otra cosa que en la firme resolución, en el acto heroico de quien se abandona a sí mismo en Dios. Con una voluntad íntegra, amamos a Dios, lo elegimos a Dios, corremos hacia Dios, lo alcanzamos, lo poseemos.» Esta firme voluntad nos convertirá en la imagen de Dios, nos hará como Él.

Enero 29

(*Del diario de la Madre Teresa, 1949*).

Hoy, mi Dios, ¡cuánto me tortura la soledad! Me pregunto por cuánto tiempo mi corazón tendrá que sufrir por esto. El P. Bauwins sj, sacerdote de la parroquia de Santa Teresa, vino a bendecir la casa. Durante la bendición no podía parar de llorar. Todos los presentes veían mi debilidad. Mi Dios, dame el coraje y la templanza que necesito en este momento para luchar sola. No permitas que retroceda después del sacrificio que he hecho con mi opción libre y convencida. Inmaculado Corazón de mi Madre, ten piedad de tu hija. Por amor a ti, quiero vivir y morir como una Misionera de la Caridad.

Enero 30

Acto de Consagración a María, para saciar la sed de Jesús

María, Madre de Jesús y Madre mía, movida por un ardiente deseo de vivir en unión contigo, la mayor que sea posible en esta vida, para estar segura de estar cerca de tu Hijo, y con tu ayuda descubrir el misterio de su sed, prometo ser fiel a este acto de consagración del modo más generoso del que soy capaz y contando con tu ayuda.

Desde que Jesús sobre la cruz me entregó a ti, te acepto como mi propia madre. Y desde que

Jesús te entregó a mí, tómame como tu hija. Te confío mi vida y todos mis actos, para que compartas tu vida y tu corazón conmigo. Actúa sobre mí y sobre todo lo que me pertenece, sea material sea espiritual, para que, como una madre, nutras en mi interior la sed de Jesús.

María, dependo de ti completamente, como un niño con su madre, para que a cambio tú dispongas de mí, me protejas y me transformes en Jesús. Que la luz de tu fe disipe las tinieblas de mi mente; que tu profunda humildad ocupe el lugar de mi orgullo; que tu contemplación reemplace a las distracciones de mi imaginación. Y que tus virtudes tomen el lugar de mis pecados. Guíame hacia lo más profundo del misterio de la cruz para que compartas conmigo tu experiencia de la sed de Jesús.

Purísimo corazón de María, permíteme entrar en tu corazón, para compartir tu vida interior. Tú que ves y conoces mis límites, ayúdame a hacer «lo que Jesús me diga», para que mis deseos humanos se conviertan únicamente en sed de Dios. Anhelo descubrir, saciar y proclamar la sed de Jesús, pero conozco demasiado bien mi debilidad, mi nada, mi pecado. Madre, que este acto de consagración a ti sea en mi vida la fuerza secreta a través de la cual dispongas de mí para saciar completamente a tu Hijo. Que ésta sea mi única alegría ... y que tú seas la causa de esta alegría.

Mi dulce Señor, yo saciaré tu sed de almas con mi amor ardiente, todo lo haré por ti. Mi cáliz estará lleno de amor, de sacrificios hechos por amor a ti. Saciaré eternamente tu sed.

Enero 31

La Madre Teresa visitó Roma varias veces, y cada vez que le era posible, visitaba al Papa, hacia quien demostraba un particular respeto y afecto. Ella le hablaba de sus planes, pidiéndole consejo y aprobación. Uno de sus proyectos, a ejemplo de su santa patrona, Teresa de Lisieux, fue la adopción espiritual de todos los sacerdotes católicos por parte de un convento de monjas contemplativas. La Madre Teresa creía que esto motivaría mayormente a los monasterios a orar y ofrecer sacrificios por los sacerdotes.

El Papa Juan Pablo II la escuchó atentamente y luego dijo con una sonrisa: *Yo también soy un sacerdote, Madre. ¿Tendría a alguien que me adopte?*

La Madre Teresa le respondió rápidamente: volviéndose hacia la Hna. Nirmala (quien ahora ocupa su cargo), le pidió que adoptara al Papa.

Febrero

Febrero 1

Hay un buen teólogo, uno de los mejores en la India en este momento, a quien conozco muy bien. Un día le dije: *Padre, usted habla todo el día de Dios, ¡qué cerca debe estar de Él!* Y ¡saben lo que me respondió? *Se puede hablar mucho de Dios pero muy poco a Dios.* Es en el silencio del corazón donde habla Dios.

Febrero 2

Estemos siempre disponibles para Dios. Si nos quiere enfermos, en cama, si nos quiere proclamando su Palabra por las calles o si nos quiere limpiando los baños todo el día, no hay problema; cualquier cosa está bien. Por eso, debemos decirle: *Te pertenezco. Puedes hacer de mí lo que quieras.* Ésta es nuestra fuerza y ésta es la alegría del Señor.

Febrero 3

Cuando nuestros pobres pasan tantas dificultades para conseguir comida, luz y agua,

¿podemos comer alimentos que no son absolutamente necesarios para nuestra salud y nuestra nutrición? ¿Podemos acostumbrarnos a no comer fuera de las comidas, excepto cuando estemos enfermos? ¿Tendremos cuidado en el uso del agua y de la luz, cerrando las canillas y apagando todas las luces innecesarias?

Jesús, danos un espíritu de pobres y la gracia de ponerlo en práctica con fidelidad.

Febrero 4

¿Cuál es la Buena Noticia de Dios? La Buena Noticia es que Dios todavía ama al mundo a través de cada uno de nosotros. Nosotros somos la Buena Noticia de Dios, el amor de Dios en acción. Jesús no puede caminar por las calles de Calcuta ni por las calles del mundo entero. Por lo tanto, a través de nosotros, Él obra, camina y toca al pobre. Hoy, porque Dios ama tanto al mundo, nos envía para obrar en su nombre.

Febrero 5

Hagamos todo por Jesús. Éste es el camino para seguirlo y nuestra principal necesidad. Escuchemos sus palabras y continuemos su trabajo entre los hombres.

Febrero 6

Jesús podrá servirse de ti para realizar grandes cosas a condición de que creas más en su amor que en tu debilidad. Sólo entonces, podrá contar contigo.

Febrero 7

En nuestra vida de oración, no perdamos el tiempo buscando experiencias extraordinarias; vivamos sólo de nuestra fe, una fe pura, despierta y lista para su venida, haciendo en nuestro día a día las obligaciones ordinarias con amor y dedicación extraordinarios.

Febrero 8

La alegría es la mejor protección contra la tentación. El demonio es un mensajero de malas noticias y se sirve de todas las ocasiones para inducirnos a seguirlo. Pero un corazón alegre nos proteje de su influencia. Es por eso que Jesús habita en aquellos que viven con alegría.

San Francisco de Sales dijo: *Un santo triste es un mal santo*. Y Santa Teresa se preocupaba cuando veía que sus hermanas perdían la alegría. Para nosotros la alegría es una fuente de energía.

Febrero 9

Hagamos todo lo posible para que nuestros hogares sean verdaderos espacios de amor, de tal manera que podamos superar todo resentimiento. El amor empieza por casa ya que todo lo que hagamos afuera depende de cómo nos amamos unos a otros en nuestro propio hogar. No temamos amar hasta que duela, porque esto es lo que le gusta a Jesús.

Nuestras casas serán fervientes o tibias, ramas cargadas de frutos o ramas secas, según lo que vivamos en ellas. Ayudémonos unos a otros a vivir en el amor de Dios y expanderemos la fragancia de su amor por todas partes.

Febrero 10

Los chinos tienen un proverbio muy interesante: *El pájaro de la tristeza debe volar; por eso, trata de que no haga su nido en tu mente*. Sí, el sufrimiento es inevitable; por lo tanto, suframos alegremente. Los altibajos pueden formar parte de nuestra vida, pero debemos tratar de que no nos afecten en la búsqueda de la santidad. No nos desanimemos ante un problema. Aprendamos a relacionar cada experiencia de nuestra vida con la Eucaristía: todos nuestros fracasos, las debilidades, el orgullo y nuestras miserias. Verán que, a pesar de ser tentados, no seremos vencidos.

Febrero 11

Un hermano protestante una vez me dijo: *La admiro y admiro su trabajo, todo lo que veo que usted hace; pero hay algo que no entiendo: María.*

Usted siempre la está nombrando. Yo le contesté: *Sin María, no hay Jesús, porque sin madre, no hay hijo.*

Algunos meses después me envió una postal con estas palabras escritas en grandes letras: *Ahora entiendo: ¡Sin María, no hay Jesús! Esto ha cambiado mi vida.*

Febrero 12

La total sumisión a Dios significa estar enteramente disponibles para el Padre, así como lo estuvieron Jesús y María. Esto no significa ningún acto extraordinario: Nos entregamos completamente a Él porque Él se dio completamente a nosotros. En este sentido, Dios no necesita darnos explicaciones de lo que nos pide cuando nos ponemos a su entera disponibilidad.

Por eso, debemos preguntarnos: ¿En qué medida nos hemos entregado a Dios? ¿Cómo lo hemos dejado obrar en nuestra vida? ¿En qué consiste nuestra entrega?

Febrero 13

¿Qué tenemos que hacer para ser más humildes? Aceptar las humillaciones. Todas las veces que somos regañados, maltratados, o insultados, aferremos esas ocasiones con ambas manos. Esa humillación nos hará santos. Aceptémosla.

Febrero 14

Un amor a Dios auténtico implica tener confianza en su omnipotencia, en su infinita sabiduría, en su amor infalible. Él me ama. No estoy aquí sólo para ocupar un lugar, para ser un número. Él me ha creado con una finalidad. Y la llevará a cabo si yo no le pongo obstáculos en el camino.

Febrero 15

Debemos cultivar ese sagrado silencio sobre los defectos de los demás, de tal manera que las personas, al encontrarnos, recuerden las palabras de Jesús: *Miren cómo se aman.* Con qué frecuencia hablamos de los defectos de los demás. Cuántas veces conversamos sobre alguien que está ausente. Miren la compasión de Cristo hacia Judas, quien habiendo recibido tanto amor fue capaz de traicionar a su propio maestro. Pero el Señor conservó el sagrado silencio y no lo traicionó. Fácilmente podría haber hablado en público –como normalmente hacemos nosotros– refiriendo a los demás las intenciones escondidas y los hechos cometidos por Judas. Pero no lo hizo. Al contrario, demostró hacia él misericordia y caridad. En vez de condenarlo, lo llamó su amigo.

Febrero 16

El sacramento de la reconciliación fortalece el espíritu, porque una buena confesión –la confesión del hijo en pecado que vuelve al Padre– siempre genera humildad, y la humildad es fortaleza. Debemos ir a confesarnos todas las veces que lo deseemos y con quien lo deseemos. El motivo serán nuestros pecados, nuestras tristezas, nuestras faltas, cómo superar las tentaciones, cómo practicar las virtudes, cómo crecer en el amor a Dios.

Febrero 17

Debemos mejorar nuestra oración y, a partir de allí, nuestra caridad hacia los demás. Puede resultar difícil rezar cuando no sabemos cómo hacerlo, pero podemos ayudarnos a través de la práctica del silencio. Las personas de oración son personas capaces de mucho silencio. El silencio requiere mucho sacrificio, pero si realmente queremos rezar, debemos estar dispuestos a dar ese paso ahora. Sin este primer paso hacia el silencio, no seremos capaces de alcanzar nuestra meta, que es la unión con Dios.

Febrero 18

Aprende a ser humilde haciendo los trabajos humildes y haciéndolos por Jesús. La humildad no se aprende con los libros, sino aceptando las humillaciones. Éstas no tienen la finalidad de torturarnos; son regalos de Dios. Estas pequeñas humillaciones –si las aceptamos con alegría– nos ayudarán a ser santos, a ser mansos y humildes de corazón, como Jesús.

Febrero 19

Si tenemos un corazón puro, entonces podemos ver a Dios. Y si no podemos verlo, entonces tenemos que preguntarnos: *¿Hay algo que se interpone entre nosotros y Nuestro Señor?* Hay momentos de oscuridad que nos acercan más a Dios, como problemas y pruebas en las que aprendemos a perseverar. Pero también hay oscuridades que nos separan del amor de Dios. En esos momentos nunca olvidemos que estamos entrelazados con Dios como los hilos de una tela que no pueden ser separados. El único motivo de nuestra existencia es vivir en Él, para Él, por Él y con Él.

Febrero 20

La santidad es la unión con Dios. Cuando somos santos –tanto en la oración como en la acción– venimos de Dios en Cristo y vamos a Dios por Cristo.

Jesús dijo: *Ámense los unos a los otros como yo los he amado.* Estas palabras serán una luz para nosotros, una llama encendida consumiendo el egoísmo que nos impide crecer en santidad.

Febrero 21

Cuando veo todo el dolor y el sufrimiento que provocan las observaciones hechas a alguien en forma indolente y sin amabilidad, pienso en Nuestro Señor cuando dijo a quienes querían apedrear a la mujer pecadora que lo hicieran si no tenían pecado. Todos se alejaron porque sabían que Jesús conocía sus pecados. Cuando estemos tentados de hablar sin caridad o de traer a la luz los errores del pasado de alguna persona, escuchemos a Jesús: Tiren la piedra sólo si están libres de pecado.

Febrero 22

Luchen contra todo aquello que pueda sumirlos en la tristeza. Nuestra oración de cada día podría ser: *Que la alegría del Señor sea mi fuerza.* El optimismo y la alegría fueron la fuerza de María. Esto le permitió ser la servidora disponible para Dios. Sólo la alegría pudo darle la fuerza para correr sin demora por las montañas de Judea hasta lo de su prima Isabel, para hacer el trabajo de una sierva. Si queremos ser verdaderos servidores del Señor, entonces nosotros también debemos atravesar las montañas de las dificultades.

Febrero 23

En el Evangelio leemos que Jesús dijo: *He venido para hacer la voluntad de mi Padre.* Nosotros podemos aplicar esto a nosotros mismos, porque hemos venido a hacer la voluntad de Dios.

Jesús dijo repetidas veces: *Hágase tu voluntad*, y nosotros decimos lo mismo a través de nuestra obediencia.

La obediencia es algo espiritual por el hecho de que se encuentra también en el cielo. La desobediencia, en efecto, fue el primer pecado porque Lucifer rechazó someterse, rechazó obedecer. Esto fue así también para nuestros primeros padres Adán y Eva, quienes se resistieron a obedecer y comieron del árbol del que Dios les había prohibido. Cada pecado de desobediencia es una continuación de ese primer pecado.

Febrero 24

Hemos consagrado nuestras vidas a ofrecer gratuitamente un servicio de amor a los pobres. ¿Ellos están contentos con nuestro servicio? Cuando nos ven, ¿sienten saltos de gozo como San Juan Bautista en el seno de su madre cuando María lo llevó a Jesús a su casa? ¿Vamos a ayudar a los pobres como fue María, llenos de Jesús y siempre dispuestos a darlo sólo a Él? Nuestro servicio a los pobres ¿es devoto y delicado? ¿Los ayudamos como María ayudó a Isabel?

Febrero 25

Una misionera de la Caridad es una persona que une el Pan de Vida y el hambre de Cristo, la oración y el servicio libre y desinteresado. Si no oran, no pueden perseverar en el servicio.

Febrero 26

Perdonemos y olvidemos todas las dificulta-des de ayer porque el ayer ya pasó y el mañana aún no ha llegado. Amemos hoy a Jesús como Él nos ama, con un profundo amor personal. No tengamos miedo. Dios nos dará todas las gracias necesarias si dejamos que nos santifique a través de la oración y el sacrificio, la penitencia y el trabajo.

Febrero 27

¿Estás dispuesto a vivir castamente? ¿A seguir a Cristo con fidelidad? La castidad no es solamente nuestra capacidad de dar, sino más bien nuestra capacidad de aceptar el don de Dios. La castidad es un signo del Reino de los Cielos.

Febrero 28

Un hombre rico vino a Shishu Bhavan (un hogar para bebés abandonados) y dijo que estaba dispuesto a donar todo lo que las hermanas necesitaran. Él quería regalarles un motor generador. Eso cuesta muchísimo. Le dije que no. Hoy es un motor generador, mañana un lavarropas. Él respondió: *Madre, en todos estos años he estado fabricando todo tipo de cosas para hacer dinero y más dinero, pero desde que tomé contacto con los pobres, quiero ayudar haciendo donaciones.* Por lo tanto nos regaló unas lámparas a querosén. Debemos estar convencidos de la libertad que nos da el ser pobres y seguir siéndolo hasta en las cosas más insignificantes.

Febrero 29

Muchas veces nos olvidamos de que Dios habla en el silencio de nuestros corazones, y nosotros hablamos de lo que abunda en nuestros corazones. Sólo cuando hemos aprendido a escuchar a Dios en el silencio de nuestro corazón podemos decir que rezamos. No hay diferencia entre la oración y el amor. No podemos decir que rezamos pero no amamos, o que amamos sin necesidad de rezar, porque no hay oración sin amor y no hay amor sin oración.

Marzo

Marzo 1

Durante la Cuaresma, centren su pensamiento en Jesús para alcanzar un espíritu de oración y de recogimiento. Si encuentran dificultades para orar, digan una y otra vez: «Ven, Jesús, a mi corazón. Ora en mí y conmigo para que aprenda de ti cómo debo orar.»

Un buen medio para orar constantemente es rezar el rosario cuando caminan o trabajan.

Marzo 2

No teman hacer penitencia, especialmente durante la santa Cuaresma. Esfuércense por ser fieles hasta en los pequeños detalles. Jesús dijo que la penitencia es necesaria si no queremos ser dominados por el pecado.

Marzo 3

Pensamos con frecuencia en la pasión y muerte de Nuestro Señor y anhelamos compartir con Él sus sufrimientos. ¿En qué consiste el sufrimiento de Jesús? Es el sufrimiento de quien ama y no es amado. Él nos ha amado con un amor eterno. ¿Cómo hemos respondido a ese amor? Nos preocupamos por tantas pequeñas cosas que pasamos horas sin pensar en Jesús. Y aun así toda nuestra vida le pertenece.

Marzo 4

Jesús pasó cuarenta días en oración antes de comenzar su vida pública. Con frecuencia se retiraba en soledad y pasaba la noche entera en silencio y orando.

El fruto del silencio es la oración.
El fruto de la oración es la fe.
El fruto de la fe es el amor.
El fruto del amor es el servicio.
El fruto del servicio es la paz.

Construyamos entre todos una atmósfera de paz y quietud que facilite la oración, el trabajo, el estudio y el descanso.

Marzo 5

La humildad no es otra cosa que la verdad. *¿Qué tenemos que no hayamos recibido?*, pregunta San Pablo. Si lo hemos recibido todo, ¿hay algo que nos pertenezca? Si estamos convencidos de esto, nunca seremos orgullosos.

Si somos humildes, nada nos afectará, ni una alabanza, ni una crítica. Si alguien nos hace algún reproche, no nos desanimaremos; y si nos alaban, no caeremos en soberbia.

Marzo 6

Reflexionemos sobre la Eucaristía. Dios mismo se hace tan pequeño que sólo dos dedos pueden sostenerlo en la hostia. Hasta un niño o un moribundo pueden recibirlo. La Eucaristía está más allá de toda comprensión; sólo puede ser aceptada desde una fe profunda y por amor.

Jesús deliberadamente nos dejó la Eucaristía, para ayudarnos a recordar todo lo que ha venido a hacer. En los evangelios, unas pocas palabras narran su pasión y su muerte. Estas pocas palabras –que podemos olvidar con facilidad– nos dicen que Él fue coronado de espinas, flagelado y rechazado. Los evangelios evitan largas explicaciones al relatarnos la pasión, contándonos que fue flagelado pero no cuántas veces o de qué material estaba hecho el látigo.

Pero Jesús entiende nuestra naturaleza humana. Comprende que cuando algo está lejos de los ojos, también puede estar lejos del corazón. Solamente traten de imaginar lo que sería la vida sin la Eucaristía. ¿Qué otra cosa podría ayudarnos a amarlo?

Marzo 7

Dios es amigo del silencio. Su lenguaje es el silencio y por eso nos pide que estemos en silencio para descubrirlo a Él. Jesús pasó cuarenta días en silencio antes de comenzar su vida pública. Con frecuencia se retiraba en soledad y pasaba la noche en la montaña en silencio y oración. Él, que hablaba con autoridad, pasó la primera parte de su vida en silencio. Necesitamos estar a solas con Dios en silencio para ser renovados y transformados. El silencio nos da una nueva perspectiva de la vida. En él somos colmados de la energía del mismo Dios para poder hacer todas las cosas con alegría.

Marzo 8

Cada uno de nosotros debe participar de la pasión de Cristo con mucho amor. Él busca alguien que lo consuele, que lo reconforte. ¿Haces lo suficiente para ser esa persona? Cristo sufre hoy de muchas maneras en aquellos que son despreciados: hambriento de amor, nos busca; sediento de generosidad, nos suplica; deseoso de lealtad, espera en nosotros. Enfermo y en la cárcel, busca nuestra amistad. Sin hogar, busca refugio en nuestro corazón.

¿Serás para Él esa persona que busca?

Marzo 9

San Pablo dijo: *Todo lo puedo en aquel que me da fuerzas*. Debemos convencernos de que, con Jesús, podemos hacerlo todo. Aun esa debilidad que nos atormenta puede ser superada con su ayuda. Cuanta menos confianza tengamos, más difícil nos será vivir una vida pura y santa. Debemos respetarnos los unos a los otros. Debemos darnos cuenta de que es Dios quien nos elige. Debemos descubrir lo bueno del otro y reverenciar a Jesús en el corazón de esa persona.

Aprendamos de María a tener la misma confianza que tuvo en San José. Aprendamos de ella que, cuando vio a Jesús humillado y flagelado, no temió presentarse ante todos como su madre. Pidámosle que nos ayude a confiar de tal manera que nada ni nadie pueda separarnos del amor de Cristo.

Marzo 10

Jesús nos amó hasta el final, hasta el extremo, muriendo en la cruz. Nosotros debemos amar de la misma manera, con un amor que surja desde lo más profundo de nuestros corazones, que brote de nuestra unión con Cristo. Un amor de este tipo debe ser tan normal en nosotros como vivir y respirar. Santa Teresa de Lisieux decía: *Cuando pienso y actúo con caridad, siento que es Jesús quien obra en mí. Más unida estoy a Él, más amo a todas mis hermanas…*

Nuestras obras de caridad no son más que el desbordamiento de nuestro amor a Dios. Por eso, quien está más unido a Dios, más ama a los demás. Pero para entender esto y ponerlo en práctica, necesitamos rezar. La oración nos une a Dios y rebosa en amor hacia los demás.

Marzo 11

Debemos amar a Dios y a nuestro prójimo con la misma intensidad, sin diferencias. No tenemos necesidad de buscar las oportunidades para cumplir este mandamiento, pues están a nuestro alrededor las veinticuatro horas del día. Abramos muy bien los ojos y descubriremos las ocasiones para dar amor y servir justamente allí donde nos encontremos, en nuestras familias; porque si no somos capaces de servir dentro de nuestra propia casa, tampoco lo seremos fuera de ella.

Marzo 12

Sean amables y afectuosos con todos, porque no pueden amar a Jesús en los más necesitados si no lo aman en el corazón de los que están más cerca de ustedes. El amor, para ser verdadero, debe alimentarse de sacrificios. Sean generosos aceptando todos los sacrificios que aparezcan en el camino de cada día. Sólo entonces podrán decir con toda sinceridad: *Mi Dios y mi todo.*

57

Marzo 13

La oración no es otra cosa que estar unidos a Cristo. Como San Pablo lo dice en la Sagrada Escritura: *Ya no vivo yo, sino que Cristo vive en mí.* Cristo ora en mí, Cristo piensa en mí, Cristo ve a través de mis ojos, Cristo habla a través de mis palabras, Cristo trabaja con mis manos, Cristo camina con mis pies, Cristo ama con mi corazón.

Marzo 14

Ponernos en las manos de Dios significa ofrecerle nuestra voluntad, la razón de nuestra vida, de nuestra existencia.

Hacemos esto sólo por la fe, aunque nuestro corazón esté en la oscuridad. Realmente los sufrimientos y las dificultades ponen a prueba nuestro abandono incondicional.

Abandonarse es también un signo de nuestro verdadero amor a Dios y a los demás. Si realmente amamos a nuestros hermanos, debemos estar preparados para ponernos en su lugar, para cargar sus pecados sobre nosotros mismos y expiarlos a través de la penitencia y la mortificación permanente. Debemos ser como holocaustos para aquellas personas que más necesitadas están.

Marzo 15

En la cruz trataron de dar a Jesús una bebida amarga, como una droga, pero no la bebió porque su sed era de amor, de corazones, de ustedes y de mí.

Marzo 16

Al orar, hagan de tal manera que por lo menos la mitad de la oración se desarrolle en silencio. Esto los acercará más a Jesús. Si intensifican su vida de oración crecerán en santidad y obtendrán muchas gracias para las personas que les han sido confiadas. Intensifiquen su amor rezando unos por otros, compartiendo los pensamientos y las gracias que recibieron a través de la oración y la lectura. Y sean fieles al tiempo que pasaron en oración.

Marzo 17

Cuando alguien está haciendo algo para herirlos, no murmuren en su interior; más bien hablen con esa persona porque, en realidad, se está hiriendo a sí misma. Deben aprender a perdonar sabiendo que todos necesitamos ser perdonados. Si quieren ser sinceros con Dios, deben aprender de Jesús a ser mansos, humildes y puros.

Marzo 18

Confiamos en el poder del nombre de Jesús y también en el poder intercesor de San José. En los comienzos de nuestra Congregación, había momentos en los que no teníamos nada. Un día, en uno de esos momentos de gran necesidad, tomamos un cuadro de San José y lo pusimos boca abajo. Esto nos recordaba que debíamos pedir su intercesión. Cuando recibíamos alguna ayuda, lo volvíamos a poner en la posición correcta.

Un día, un sacerdote quería imprimir unas imágenes para estimular y acrecentar la devoción a San José. Vino a verme para pedirme dinero, pero yo tenía solamente una rupia en toda la casa. Dudé un momento en dársela o no, pero, finalmente, se la di. Esa misma noche volvió y me entregó un sobre lleno de dinero: cien rupias. Alguien lo había parado en la calle y le había dado ese dinero para la Madre Teresa.

Marzo 19

San José sabía, cuando María estuvo embarazada, que ese hijo no era suyo. Él vio que ella estaba embarazada pero no sabía cómo. Si hubiera consultado al Sumo Sacerdote, ella habría muerto apedreada. ¿Ven la caridad y la delicadeza de San José? Si nosotros tuviéramos la misma caridad y delicadeza hacia los demás, nuestras familias se convertirían en la morada del Altísimo. ¡Qué hermosas serían nuestras familias si en ellas todos tuviéramos gestos de delicadeza hacia los demás!

Marzo 20

Como dijo San Pablo: *Ya no vivo yo, sino que Cristo vive en mí.* Nuestra vida de castidad consagrada nos debería llevar a decir lo mismo. Como en el matrimonio no hay divorcio, tampoco para nosotros hay divorcio de Dios. Lo que Dios unió, nadie puede separarlo, lo mismo en el matrimonio que en la vida religiosa.

Marzo 21

No es suficiente decir «Yo amo». Hay que amar hasta que duela. Debemos poner ese amor en acción. ¿Cómo podemos hacerlo? Dándonos a los demás hasta que duela.

Marzo 22

No es suficiente decirle sí a Dios cuando nos llama para trabajar con Él. Es muy importante transformar ese sí en acción. ¿Y cómo hacemos para ponerlo en acción? Abandonándonos incondicionalmente en Él. Nosotros comprendemos que nos ha elegido para Él y que ese seguimiento es lo que le permite servirse de nosotros sin consultarnos.

Somos seres humanos y nos gusta saber exactamente lo que quiere, cómo lo quiere, etc.

Pero si realmente queremos pertenecer a Jesús, es importante que le dejemos las manos libres para que haga de nosotros lo que quiera y como lo quiera. Sólo entonces podremos decir que le pertenecemos en forma absoluta.

Marzo 23

Debemos estar con y en Dios y con y en nuestra comunidad, nuestra familia, en silencio, como María. Debemos comenzar con el silencio de la voluntad, es decir, no deseando otra cosa que la voluntad de Dios. Comenzando aquí, el resto vendrá solo. El Espíritu Santo vendrá sobre ustedes y experimentarán el silencio. Guárdenlo y protéjanlo con amor y serán como un jardín cerrado. El silencio es la tierra fecunda en la que germina la semilla de la Palabra.

Marzo 24

La parte más hermosa de la Redención comenzó de una manera muy humilde. Dios no envió a Gabriel al palacio de alguien importante y rico, sino a la pequeña casa de la joven María. Ella sólo le hizo una pregunta al ángel que le anunciaba que sería la madre del Salvador: *¿Cómo puede ser esto?* Y cuando él se lo explicó, ella, llena de gracia, se ofreció a sí misma como la servidora del Señor.

Este es el motivo por el que fue elegida, porque a pesar de ser la llena de gracia, también fue la llena de humildad. No pensó en la gracia del Hijo de Dios que habitaba en sus entrañas. No se distrajo pensando en las alegrías y tristezas que habría experimentado como Madre de Dios y de la humanidad. Sólo pensó en cómo servir, en cómo llevar a cabo su vocación de servidora del Señor.

Marzo 25

La Anunciación fue el día de la Primera Comunión de María. Ella confió en el ángel con un amor profundo porque le traía Buenas Noticias; era el mensajero de Dios. Este debe ser también nuestro espíritu.

Piensen solamente en Dios todopoderoso en el seno de María. Guardado en ese lugar, Jesús tuvo que depender de la ayuda de su madre. Luego, clavado en la cruz, sin poder moverse, se abandonó a la voluntad del Padre. Y hoy, en el sagrario, completa su abandono total por Amor a los hombres.

Marzo 26

¡Alégrate, María, llena de gracia, el Señor está contigo! Cuando María escuchó este saludo de parte del ángel, quedó desconcertada y se preguntaba qué podía significar. Aun María, sin pecados y perfecta, se sintió desconcertada e incierta. No fue una estatua sin sentimientos humanos; en muchas cosas fue como ustedes y yo.

Y entonces el ángel le dijo: *No temas, María, porque no hay nada imposible para Dios. Concebirás un hijo y le pondrás por nombre «Jesús».* Y María respondió: *Yo soy la servidora del Señor; que se cumpla en mí lo que has dicho.*

Marzo 27

El mal en el mundo entró por aquel primer acto de desobediencia en el que comieron del árbol del que Dios les había prohibido que lo hicieran. En nosotros es lo mismo. Un solo gesto de desobediencia deliberada nos producirá muchos males en nuestra vida.

Comprendan que Dios los está llamando a través de la obediencia, aunque no lo haga en forma directa. En la Anunciación, Dios no habló con María directamente sino a través de un ángel. Haciendo lo que el ángel le dijo, María obedeció a Dios. En nosotros es lo mismo. Dios no nos habla directamente sino a través de nuestros superiores, personas y acontecimientos. Ellos son instrumentos en sus manos.

Marzo 28

María conservó todas las cosas en su corazón y practicó el silencio que la condujo cerca de Dios. Nunca tuvo que arrepentirse de nada. Cuando José fue desconcertado por su embarazo, una sola palabra suya habría podido aclararle las ideas, pero ella no la pronunció. Jesús mismo obró un milagro para aclarar la situación. También lo hará por nosotros si estamos convencidos de la necesidad de hacer silencio.

Marzo 29

María recibió una invitación y una misión y pasó por un proceso de discernimiento para poder aceptarlos. Respondió al ángel con obediencia y alegría, diciendo *sí*. Toda la humanidad se alegra con ella por ese *sí*. Acababa de ser elegida la Reina de los cielos y la tierra, pero no fue en busca de gloria o a contárselo a José. Lo primero que hizo como Madre de Dios fue ir corriendo en ayuda de su prima Isabel.

Marzo 30

María obedeció al ángel, respondiendo: *Que se cumpla en mí según tu palabra*. ¿Qué palabra? La palabra de Dios, que le habló a través del ángel. Ella, la Reina de los Cielos, le obedeció a un ángel del mismo modo que le obedeció a San José, con amor y sumisión, sin ninguna excusa.

Marzo 31

En 1978, la Madre Teresa pidió una audiencia con el Papa para recibir a un grupo de voluntarios italianos. Al llegar a Roma le pidió a un misionero de la Caridad que la acompañara al Vaticano. Cuando llegaron a los aposentos privados del Papa, su secretario, Monseñor Macchi, los hizo pasar a una antesala. Mientras esperaban, la Madre Teresa se volvió hacia el misionero y le preguntó: *¿Para qué vinimos aquí?* Había olvidado completamente el motivo por el cual se encontraban en ese lugar. Cuando su acompañante se lo recordó, inmediatamente se puso a rezar el rosario. Apenas dejaron los Palacios Apostólicos, con un sol aun radiante sobre Roma, volviéndose hacia ella, sorprendido por su olvido de hacía un momento, el misionero le preguntó: *Madre, ¿qué es lo que en el mundo la distrae tanto al punto de olvidar el motivo por el que vinimos al Vaticano?*

Ella respondió con un toque de santa picardía en sus ojos: *Todos esos salones vacíos que hemos cruzado antes de llegar a los aposentos del Papa. ¡Estuve contando mentalmente cuántas camas podríamos poner para nuestra gente!*

Sólo unos años más tarde el Papa Juan Pablo II construyó dentro del territorio vaticano un hogar con setenta camas para los sin techo y los más necesitados de Roma. Lo llamó *Dono di María* («Regalo de María») porque fue fundado en 1987, durante el Año Mariano. Desde su fundación, es atendido por las Misioneras de la Caridad.

Abril

Abril 1

Ven, Santo Espíritu de conocimiento y de luz, y dame la capacidad de descubrir la voluntad de Dios. Muéstrame la nada de las cosas de la tierra para que descubra su vanidad y las use solamente para tu gloria y mi propia salvación, buscándote a ti y tu eterna recompensa más allá de ellas mismas.

Abril 2

Cuando meditamos la pasión de Nuestro Señor, debemos examinar nuestra conciencia para ver cuáles son esos pecados que más le duelen a Jesús. Así podremos repararlos y compartirlos redoblando nuestra penitencia.

Guardaremos una estricta custodia de nuestros ojos. Tendremos pensamientos limpios en nuestras mentes. Observaremos un gran silencio en nuestros corazones. En ese silencio escucharemos sus palabras de consuelo y, al mismo tiempo, nos sentiremos capaces de consolar a Jesús escondido en los pobres.

Abril 3

Jesús dijo que la penitencia es necesaria si queremos vencer a las seducciones del mal. Los sacrificios, en verdad, nos deben costar, nos deben doler, nos deben vaciar de nosotros mismos. Meditemos en la pasión de Jesucristo, en sus sufrimientos. Pero lo importante de cada meditación no consiste en movilizar nuestros sentimientos solamente, sino en llevarnos a cambiar el modo en el que cooperamos con la gracia de Dios a través del auténtico sacrificio de nosotros mismos.

Abril 4

Prediquemos la paz de Cristo como Él lo hizo: haciendo el bien. Aun cuando la gente lo aborreció y trataron de echar a perder el trabajo de su Padre, no detuvo su servicio de caridad. Sin embargo, Él siguió haciendo el bien. El Cardenal Newman escribió: *Ayúdame a expandir tu fragancia por todos los lugares adonde voy. Ayúdame a predicarte sin predicarte, no con palabras sino con el ejemplo.*

Abril 5

Que Jesús resucitado sea paz y alegría para ustedes. Que la alegría de Cristo resucitado sea fuerza en el trabajo, camino hacia el Padre, luz para el camino, Pan de Vida. Recuerden que la pasión de Cristo siempre termina en la gloria de la resurrección. Cuando sientan en sus corazones el sufrimiento de Cristo, recuerden que la resurrección ha de llegar, que la alegría de la Pascua amanecerá.

Abril 6

Cuanto más profunda sea tu vida de oración, más crecerás en santidad y obtendrás muchas gracias para aquellos que te han sido confiados.

Recuerda que los corazones puros verán a Dios. Cada día debes estar convencido de que perteneces a Cristo crucificado y de que nada te separará de su amor. Esta convicción es el camino seguro a la santidad y, si eres santo, serás capaz de orar efectivamente en medio del trabajo. El fruto de la santidad es lo que nos hace contemplativos en el corazón del mundo.

Abril 7

Jesús quiere que nos amemos los unos a los otros como el Padre lo amó a Él. No hay amor más grande que el que sentimos por los demás. Sin embargo, muchas veces hay más dolor que amor, más amargura que dulzura, más ruido que silencio.

Si no hay amor en nuestro hogar, ante todo examinemos nuestra vida de oración. ¿Es confiada, verdadera, constante, plena, tan real que en el silencio de nuestros corazones podemos escucharlo a Dios hablándonos? Si tan sólo conociéramos el arte, la alegría, la fecundidad del silencio, nuestros hogares se convertirían en un reflejo del amor de Dios, en una llama ardiente del amor de Dios en acción.

Abril 8

Que la alegría y el amor de Jesús resucitado esté siempre con ustedes y en medio de ustedes para que se conviertan en verdaderos testigos del amor del Padre por la humanidad. Recuerden: *Dios amó tanto al mundo que entregó a su Hijo único.* Amemos de tal manera a Dios que seamos capaces de darnos a Él en cada uno de nuestros hermanos y, en particular, en los más pobres.

Esto lo lograremos sólo por fidelidad a Cristo, perteneciéndole sólo a Él, y a través de un amor tierno y desinteresado por cada hermano. ¡Qué hermoso es ver este amor mutuo hecho realidad! Tengan este amor por cada persona y un especial respeto por los hermanos más ancianos. Que los más ancianos traten a los más jóvenes con respeto y amor, como lo harían con Jesús.

Él los eligió a cada uno por sí mismos, para ser su Luz y su Amor en el mundo. El camino más simple para convertirse en su Luz es ser atento, afectuoso, desinteresado y sincero con cada hermano. Como dijo Jesús: *En esto todos reconocerán que ustedes son mis discípulos.*

Abril 9

Por todo el mundo hay mucho sufrimiento y tanta hambre de amor... Por lo tanto, empiecen a orar con sus familias. Enséñenles a orar a sus hijos, porque un niño que ora es un niño feliz y una familia que ora es una familia unida.

Sentimos hablar de tantas familias desunidas. ¿Por qué se han desunido? Pienso que es porque nunca oraron juntos. Nunca fueron «uno» ante el Señor por la oración.

Abril 10

Queridos sacerdotes, colaboradores de Cristo: Le han dicho *sí* a Jesús y Él confió en ustedes.

Dios no puede llenar lo que está lleno; sólo puede llenar lo que está vacío. El *sí* que han dado es el comienzo de este proceso de vaciamiento en el que Dios los va llenando de Él. Por lo tanto, no se trata de cuánto podemos dar nosotros, sino de cuán vacíos estamos para poder recibirlo a Él completamente. Déjenlo vivir hoy en ustedes.

Abril 11

La alegría de Jesús resucitado es el reflejo del amor del Padre. La alegría de Jesús es el signo de la esperanza en la eterna felicidad. La alegría de Jesús es la llama de un ardiente amor. La Pascua es esta alegría. Pero recuerden que nunca podrán tener alegría sin sacrificio. Este es el motivo por el que el Viernes Santo se convirtió en Pascua.

Abril 12

Pidamos a María que nos ayude a hacer que nuestros corazones sean mansos y humildes como los de su Hijo. Fue de ella y en ella que se formó el corazón de Jesús. Además, podemos aprender mucho de la que fue tan humilde porque fue toda de Dios.

Abril 13

La caridad hacia el pobre es como una llama encendida: cuanto más seca es la madera, más arde.

Abril 14

Nuestras vidas están fundadas en Jesús y María, por lo que nos preguntamos: ¿En qué consistió su total abandono? Las Escrituras nos dicen que Jesús, aun siendo Dios, *no consideró esta igualdad con Dios como algo que debía guardar celosamente; al contrario, se anonadó a sí mismo, tomando la condición de servidor y haciéndose semejante a los hombres.* Este tipo de abandono –difícil de comprender en Jesús porque es Dios– es más fácil de entender en María quien, siendo como nosotros –plenamente humana–, se vacía de sí misma para cobijar a Dios.

Abril 15

Sirvan a Dios alegremente y no habrá tristeza en sus vidas; la única tristeza verdadera es el pecado.

Abril 16

Jesús dijo: *Si ustedes me aman, cumplirán mis mandamientos… Ámense los unos a los otros como yo los he amado.* También dijo que si lo amábamos a Él, su Padre nos amaría y vendría a nosotros y habitaría en nosotros.

Estamos llamados a provocar un aumento de gracia y un crecimiento en el amor divino a través de nuestro servicio de amor. Jesús se manifestará a todas las personas y al mundo a través nuestro, y por su amor los demás sabrán que somos sus discípulos. A pesar de todos nuestros defectos, Dios nos ama y sigue sirviéndose de nosotros para encender la luz del amor y la compasión en el mundo. Por lo tanto, regálenle a Jesús una gran sonrisa y un *gracias* de corazón.

Abril 17

¿Cuándo somos verdaderamente humildes?

Cuando nos negamos a juzgar y criticar a los demás.

Cuando alimentamos pensamientos amables hacia los demás.

Cuando nos alegramos de los éxitos que los demás alcanzan por amor a Jesús.

Cuando encontramos una excusa ante los defectos de los demás.

Cuando somos felices y alegres con el pobre, el enfermo y el moribundo.

Cuando estamos alegres en medio de una humillación.

Sólo entonces somos verdaderamente humildes, como el corazón de Jesús.

Abril 18

Hace un tiempo, un alto oficial del gobierno me dijo: *Ustedes hacen promoción social como nosotros. Sólo que nosotros lo hacemos por algo, mientras que ustedes lo hacen por Alguien.* Para hacer nuestro trabajo, debemos estar enamorados de Jesús.

Abril 19

Cristo era igual que el Padre. Y lo obedeció porque lo amaba. No sintió que, al obedecer, rebajaba su dignidad. Fue a Nazaret con María y José y los obedeció igual que lo hizo con el Sumo Sacerdote, Herodes y Pilato.

Muchos de los sufrimientos que encontramos hoy dentro y fuera de la Iglesia son causados únicamente por una mala comprensión de la libertad y la renovación. No podemos ser libres mientras no seamos capaces de entregar libremente nuestra voluntad a la voluntad de Dios. Debemos obedecer con total libertad en espíritu de unidad y sumisión y a través de un servicio libre y sincero a Cristo en los más pobres.

Abril 20

La obediencia significa estar totalmente disponibles y ofrecer un servicio libre y sincero hacia los más pobres entre los pobres. Todas las dificultades que encontramos en nuestro trabajo son el resultado de la desobediencia. La obediencia de Santa Teresita de Lisieux fue hermosa y total. Obedeció a su superiora aun en cosas que podrían parecer pequeñeces, pero para Dios nada es una pequeñez. Cuanto más pequeña es una cosa, más grande es el amor.

Abril 21

La tristeza no es otra cosa que el fruto del orgullo.

Abril 22

Jesús dijo: «Cada vez que lo hicieron con el más pequeño de mis hermanos, lo hicieron conmigo». «Si en mi nombre dan un vaso de agua, a mí me lo dan. Si en mi nombre reciben a un niño, a mí me reciben.» «Tuve hambre, estuve desnudo, sin *casa, y me ayudaste.*» Por lo tanto esto es lo que Jesús vino a enseñarnos: cómo amarnos. No son grandes cosas, pero sí encierran un gran amor.

Abril 23

Un corazón limpio es un corazón libre. Un corazón libre puede amar a Cristo con un amor indivisible en la castidad, convencido de que nada ni nadie lo separarán de su amor. La pureza, la castidad y la virginidad produjeron una especial belleza en María al punto que enamoraron a Dios. Él demostró su gran amor por el mundo confiándole a su Hijo Jesús.

Abril 24

Aunque envejezcas, siempre tendrás algo que aprender. Yo todavía estoy aprendiendo, a pesar de llevar cincuenta y tres años en el convento. Siempre estoy aprendiendo de los demás. Debemos aprender los unos de los otros. Jesús tomó a un niño y lo puso frente a los apóstoles. El amor empieza ahí. En esa pequeña atención, en el cuidado, la compasión, que es el tesoro escondido, el crecimiento en la santidad. Nosotros sabemos dónde está; ¡vayamos por él!

Abril 25

Hagamos que nuestra comunidad sea una rama fiel y fecunda de la viña, que es Jesús. Con gran determinación y humildad debemos amarnos y ayudarnos los unos a los otros. Entonces, todos juntos haremos algo bueno para Dios. Si somos un solo corazón, lleno de amor, si nos amamos unos a otros y a los pobres a los que servimos, entonces creceremos juntos en la santidad. La santidad es el principal motivo de nuestra existencia. Y alcanzar la santidad no debe ser algo difícil porque, al servir sincera y libremente a los más pobres entre los pobres, estamos con Jesús las veinticuatro horas del día.

Abril 26

La pobreza nos hace libres. Necesitamos experimentar la alegría de ser pobres. Nosotros elegimos la pobreza, elegimos no poseer cosas, al contrario de los más pobres entre los pobres que están obligados a ser pobres. Si nosotros no tenemos nada es porque elegimos no tenerlo. En esto somos libres, porque nada nos pertenece. Nuestra pobreza significa no poseer el tipo de zapatos o la casa que nos gustaría tener. No podemos conservar o dar nada o prestar algo de valor. No tenemos nada. Nada nos pertenece. Esta es la experiencia de la pobreza.

Abril 27

Jesús rezaba: *Que todos sean uno, como tú y yo somos uno.* Todos los miembros de nuestra comunidad forman una sola familia y todos tienen las mismas obligaciones, los mismos privilegios, y trabajan para el mismo fin.

Como Jesús ya se lo había pedido a sus discípulos, de la misma manera San Pablo invita a los primeros cristianos a ir en la misma dirección: *Que Dios, fuente de toda paciencia y fortaleza, les permita vivir en perfecta armonía los unos con los otros.*

Por eso, tengan un solo pensamiento y vivan en paz, y el Dios de la paz y del amor estará con ustedes.

Abril 28

Si habláramos menos, si guardáramos silencio, no faltaríamos tanto a la caridad. Pidámosle a María que nos enseñe que el silencio nos ayudará a rezar y a escuchar y a amar como ella ama. El silencio es una de esas cosas que nos ayudan a vivir sólo para Jesús.

Si realmente entendemos lo que es el silencio, entendemos lo que es la oración.

Abril 29

Hemos recibido el mandamiento de amar a Dios y al prójimo con un mismo amor, al mismo nivel. No hay diferencia. El amor hacia nuestro prójimo debe ser igual a nuestro amor por Dios. Además, no necesitamos buscar las oportunidades para vivir ese amor; pasamos veinticuatro horas al día rodeados de ellas. Entonces, ¿por qué las dejamos pasar con tanta frecuencia?

Abril 30

¡Ayúdenme a expandir la fragancia de Dios, que es la alegría!

¡Cuántos grandes pecadores no han cambiado de vida por el testimonio de haber hecho nuestro trabajo con alegría!

Un responsable de la Misión Ramakrisha vino a Burdwan (Bengal Oeste) adonde tuve que ir porque habían reunido algún dinero para los leprosos. Después de haber agradecido a la asamblea por la donación, el responsable Ramakrisha se puso de pie y dijo: *Cuando veo a las hermanas de la Madre Teresa caminando por las calles, rezando tan alegres, yo creo que Jesucristo ha venido otra vez al mundo, que está caminando entre la gente y pasa haciendo el bien.*

En la asamblea se hizo un gran silencio, sólo fue interrumpido por alguien que dijo: *¿Se ha convertido al Cristianismo?*

Debemos examinarnos y preguntarnos: ¿Somos realmente la imagen de Jesús para el pueblo de Calcuta, para el mundo?

Mayo

Mayo

Mayo 1

En todo el mundo la gente le ofrece a María, nuestra Madre, cosas hermosas y cubre su altar con flores. Nosotros no tenemos regalos materiales para ofrecerle, pero regalémosle flores de generosidad, la flor de una sonrisa de bienvenida. En este hermoso mes dedicado a ella, coronémosla de las flores fragantes del amor, la gentileza, la mansedumbre y la humildad que nos prodiguemos los unos a los otros.

Mayo 2

María pensó solamente en cómo servir, en cómo llevar a cabo su vocación de servidora del Señor.

En este sentido, la vida de María es muy parecida a nuestra vida religiosa. Cuando Dios nos llamó por primera vez, nos preparó a través de nuestros familiares y amigos, tal como la preparó a María. Le envió su mensajero para comunicarle su elección, tal como lo hizo con nosotros. Nuestra primera pregunta también fue como la de María: ¿Cómo puede ser posible?

Entonces, con ella, declaramos ante el cielo y la tierra: ¡Aquí estoy, yo soy la servidora del Señor! ¡Aquí estoy, he venido para hacer la voluntad de Dios!

Mayo 3

La oración nos ayuda a amar a los demás porque cuando Jesús está con nosotros no hay distracciones. El error y la pérdida de la gracia provienen de la falta de oración porque ésta es el alimento de la vida espiritual. Empobrecemos nuestro espíritu cuando dejamos la oración, y la pérdida de la gracia se vuelve inevitable. Pidámosle a María que nos enseñe a rezar, así como le enseñó a Jesús a lo largo de todos esos años en los que vivió con ella en Nazaret.

Mayo 4

María dio muestras de una total confianza en Dios al aceptar que la considerara un instrumento en su plan de salvación. Ella confió en Él a pesar de su pequeñez porque sabía que el que es poderoso podía hacer grandes cosas en ella y a través de ella. Una vez que le dijo *sí*, nunca más dudó. Sólo era una muchacha, pero le pertenecía a Dios y nada ni nadie pudo separarla de Él.

Mayo 5

Debemos rezar, comprender, amar y vivir la libertad que da la verdadera pobreza. De esta manera Dios impide que nuestra gente nos rechace a causa de lo que pudiéramos tener.

Mayo 6

La santidad no es un lujo reservado a unos pocos sino simplemente un deber para cada uno de nosotros. La santidad es una gran cosa, pero es algo sencillo cuando le pertenecemos enteramente a María. Si recurrimos a ella constantemente, nos enseñará a crecer en santidad a través de la obediencia. Si realmente vivimos unidos a María, nos daremos cuenta de que la obediencia es el medio más importante para crecer en la santidad y vivir en constante presencia de Dios.

Mayo 7

El celo apostólico es el resultado y al mismo tiempo la prueba de que nuestro amor es verdadero. Debemos dejarnos consumir por el deseo de ayudar a nuestros hermanos. Este es el anhelo más intenso y profundo de Jesús. El deseo de anunciarlo es el test del amor, así como una gran pasión por la causa de Jesús. Nosotros debemos gastar nuestra vida y nuestras energías trabajando por la salvación de los demás.

Mayo 8

Cuando me encontraba en los comienzos, poco después de haber dejado el convento en Loreto Entally, llegué a Creek Lane, Calcuta, completamente sola. Llevaba conmigo solamente una caja y cinco rupias. Alguien de Air India quería darme una hermosa valija para llevar las pocas cosas que tenía conmigo. Yo le respondí: *Acarrear una caja de cartón no es ninguna vergüenza*. Pero tampoco lo es pedir ayuda o consejo cuando lo necesitamos. ¿No es mejor preguntar que hacer las cosas mal por orgullo o por ignorancia?

Mayo 9

Jesús quiere que seamos como niños, más humildes y más agradecidos en la oración. Y no rezaremos solos, sino conscientes de que pertenecemos al cuerpo místico de Cristo, que está siempre en oración.

Mayo 10

La Biblia nos cuenta que María conservaba las palabras de Jesús en su corazón. Al recibir la Eucaristía y entrar en comunión con Cristo en nuestro corazón, debemos pensar en lo que María debe haber sentido cuando el Espíritu Santo tomó posesión de ella y fue «la llena de gracia», con el cuerpo de Cristo, su hijo, dentro de su ser. El Espíritu en ella obró con tal energía que inmediatamente se levantó y fue rápido a ayudar a su prima Isabel.

Cada Santa Comunión debería producir en nosotros una respuesta similar. El mismo Jesús que se hizo hombre en María viene a nosotros y se convierte en nuestra vida. Como ella, debemos tener urgencia por llevar a Jesús a los demás.

Mayo 11

Pidamos a Nuestra Señora que nos ayude para que nuestros corazones sean mansos y humildes como lo fue el de su Hijo. Fue en ella y por ella que se formó el corazón de Jesús.

¡Cuánto podemos aprender de María! Fue humilde porque fue toda para Dios. Fue «la llena de gracia» y, por eso, el Todopoderoso pudo contar con ella. Necesitamos decirle a María: *Dile a Jesús que no tenemos vino*. El vino de la mansedumbre, de la humildad, de la generosidad y de la dulzura. Seguramente ella nos dirá: *Hagan lo que Él les diga*.

Mayo 12

Hermanas mayores, ustedes deben ser la luz de Cristo que brilla para las hermanas más jóvenes. Dénles testimonio de la total entrega a Dios. Demuéstrenles esa entrega aceptando todo lo que Él les envía y dándole todo lo que Él les pide. Si obedecen rápida, ciega, simple y generosamente, les enseñarán lo que significa el amor y la confianza. Si sonríen, podrán ver cuán agradecidas son con Dios por haberlas elegido para servirlo en sus pobres. No olvidemos que la finalidad de nuestra congregación es saciar la sed de Jesús por la humanidad.

Mayo 13

Reconocer a Cristo en sus pobres nos conducirá a un amor personal. Este amor sólo puede convertirse en nuestra luz y nuestra alegría a través de un servicio generoso a los demás. No olviden que nos necesitamos los unos a los otros. Sin los demás nuestras vidas estarían vacías. ¿Cómo podremos amar a Dios y sus pobres si no nos amamos entre nosotros, que vivimos en una misma casa y compartimos la eucaristía diariamente?

Mayo 14

Si tratamos de comprender la importancia de la obediencia, esto consolará a Nuestro Señor y hará muy feliz a María, nuestra Madre. La obediencia a la voluntad de Dios producirá en nuestros corazones una paz inefable, una alegría interior y una mayor unión con Él. Renovemos nuestro compromiso con la obediencia ante la cruz de Jesús, pensando especialmente en las heridas de sus pies, comprendiendo que no podremos andar un solo paso sin la obediencia.

Mayo 15

Pidamos al Señor que nos conceda una gracia muy especial: amar a nuestra Madre, particularmente a través del trabajo que hacemos por Jesús, con Jesús y a Jesús. Debemos pedirle a Él que nos ayude a profundizar nuestro amor a María, haciéndolo más personal e íntimo. Nosotros queremos:

Amarla como Él la amó.

Ser para ella una causa de alegría como lo fue Él.

Permanecer cerca de ella como lo hizo Él.

Compartirlo todo con ella, aun la cruz, como lo compartió Él cuando ella estuvo a los pies de la cruz en el Calvario.

Debemos amarla incondicionalmente, confiar en ella totalmente, abandonarnos a ella completamente, sin reservas. Nada es imposible para aquellos que la invocan como Madre.

Durante la jornada, elevemos nuestros corazones hacia ella y preguntémosle qué tenemos que hacer para amar a Dios como ella lo amó.

Mayo 16

María nos conoce muy bien y nos llevará por el sendero seguro y rápido que conduce a la santidad. ¿Recuerdan la escena evangélica de las bodas de Caná? Sólo María se dio cuenta de que se estaba acabando el vino. Sintió pena por los jóvenes esposos y quiso evitarles la humillación de que no alcanzara para sus invitados. Entonces, ¿qué hizo? Sin hacer ningún alboroto, cautelosamente se acercó a Jesús y simplemente le dijo: *No tienen vino*.

¡Observen la caridad de María! ¡Miren cómo percibió las necesidades de los demás y la delicadeza con la que le habló a Jesús!

Mayo 17

¿Qué hubiera sucedido en el banquete de bodas si el sirviente no hubiera obedecido el simple pedido de Jesús de llenar las tinajas de agua y servirlas a los invitados? Si no lo hubiera hecho, no habríamos tenido la alegría de conocer el amor de Jesús por su Madre y la fe de la Madre en el poder de su Hijo. Ella aún nos dice: *Hagan lo que Él les diga*. Obedezcan y experimentarán la alegría de amar y ser amados.

Mayo 18

El comienzo de la santidad se encuentra en la fidelidad a la oración. Crezcamos en santidad a través de la oración.

Si rezamos, creeremos.

Si creemos, amaremos.

Si amamos, serviremos.

Sólo entonces traduciremos en obras nuestro amor a Dios, a través del servicio a Cristo que se esconde en los pobres.

Mayo 19

Cuando el pequeño Sunil, ahora de veintiún años, tenía uno y medio, su padre murió. Su madre, por desesperación, bebía bastante y el pequeño siempre se sentaba cerca de ella y la observaba tomar, hasta que murió. Lo llevé a Shishu Bhavan, pero no quería comer; yo supuse que quería morir como su madre. Entonces le dije a la Hermana Agnes: *Trata de hacer algo por él.* Debe haberla adoptado como su madre, porque empezó a comer y a recuperarse. El otro día vino hacia mí y me dijo: *Quiero hacer por los niños pobres lo que tú has hecho por mí.*

Mayo 20

Cada hogar debería sentir el sol radiante del amor de Dios brillando en medio de quienes lo habitan. Recuerden que el Señor los ha llamado por su nombre, que son suyos, que son valiosos para Él, que los ama. Aquellos con los que convivimos también le pertenecen, y son igualmente valiosos para Él. La conciencia de esto deberá ser la llama ardiente del amor de Dios en nuestros hogares. Asemejémonos cada vez más a Cristo por el modo en que amamos a los demás.

Mayo 21

La Sagrada Familia estaba formada por Jesús, María y José, no sólo por Jesús. Para que la familia estuviera completa, fue necesaria la presencia de José, el carpintero, al lado de la grandeza de Jesús y la pureza de María. En nuestras iglesias debería suceder lo mismo, porque hay muchas personas que son muy capaces, pero que no saben trabajar en comunidad. Necesitamos de los demás para construir nuestras comunidades.

Mayo 22

Una vez, mientras viajaba en coche en Delhi, vi a un hombre tirado al costado del camino, la mitad de su cuerpo sobre la vereda, la otra mitad sobre la calle. Era una ruta muy transitada y pasaban muchos autos, pero nadie se detenía a ver si necesitaba algo. Detuvimos el coche y con las hermanas lo subimos en él. Las hermanas se sorprendieron de que yo lo hubiera visto porque ellas no se habían dado cuenta.

Si nuestro corazón es puro y libre de pecados, entonces veremos a Dios. Sólo si servimos libre y generosamente a aquellos con los que vivimos, entonces seremos capaces de hacerlo por los más pobres.

Mayo 23

Vamos por la vida tratando de hacer el bien a los demás y, por eso, la gente nos rodea de afecto, respeto y confianza. Por este motivo necesitamos ser humildes, para protegernos del peligro del protagonismo, para cuidarnos de no caer en soberbia, para garantizar la fecundidad de nuestro servicio.

Nuestra vida, al ser tan pública, más necesita de la humildad. Es hermoso observar la humildad de Cristo. La Escritura dice: *Él, que era de condición divina, no consideró esta igualdad con Dios como algo que debía guardar celosamente: al contrario, se anonadó a sí mismo ...haciéndose semejante a los hombres.*

Nuestro ideal de vida no es otro que Jesús.

Mayo 24

Hemos renunciado al pecado, hemos renunciado al mundo, pero ¿qué entendemos por «renuncia»? Para nosotros significa «rendirse». Cuando optamos por la vida religiosa, cada uno de nosotros ha debido hablar con sus padres para decirles que quería irse y pedirles su bendición. Esto generalmente nos cuesta mucho porque el amor de los padres es hermoso y muy importante.

Recuerdo el día en el que le hablé a mi madre sobre mi vocación: se encerró en su habitación. No quería que me fuera. Era una santa persona y, encerrada en su habitación, rezó para poder aceptar mi vocación. A veces pienso que es mi madre quien me juzgará, en vez de Jesús, porque le he ocasionado muchas tristezas.

Recientemente recibí una carta de una chica que decía: *Yo sé que tengo vocación religiosa, pero dejaré que mi madre decida.* La mamá me escribió para decirme que ella estaba de acuerdo, si eso era lo que Jesús quería. Esto es lo que significa la vocación religiosa: que Jesús nos ha llamado por nuestro nombre.

Mayo 25

Si tu corazón está lleno de las cosas del mundo, no puedes escuchar la voz de Dios. Pero cuando has escuchado su voz en el silencio de tu corazón, entonces tu corazón se siente pleno. Entonces, de la abundancia del corazón hablará tu boca.

Si lo escribes, entonces la abundancia de tu corazón llegará también a tus manos. Tu corazón hablará a través de tus escritos. Cuando miras a la gente, ellos deben ser capaces de ver a Dios en tus ojos.

La abundancia del corazón se expresa en nuestros ojos, en nuestras caricias, en lo que escribimos, en lo que decimos, en la manera de caminar, en la manera de acoger, en la manera en que expresamos nuestras necesidades. Esta es la abundancia del corazón que se expresa de tantas maneras diferentes.

Mayo 26

Concedamos a María la plena libertad de contar con nosotros para la gloria de su Hijo, porque si realmente estamos unidos a Él, entonces nuestra santidad es segura. El amor a María sólo se aprende de rodillas y a través del rosario. Intensifiquemos nuestro rezo del rosario, y pidámosle que nos enseñe a rezar como le enseñó a Jesús durante todos esos años en los que vivió con ella en Nazaret. María es la Madre de la Iglesia y nuestra Madre, una mujer pura, pobre, obediente, llena de amor. Llevémosla a nuestros hogares y a los hogares de los pobres.

Mayo 27

La pobreza es nuestra dote. Menos tenemos, más podemos dar. Más tenemos, menos damos. No es algo complicado, pero nosotros nos complicamos demasiado la vida cuando adquirimos tantas cosas innecesarias.

Mayo 28

Si tuviera que darle el Premio Nobel a alguien, se lo daría al diablo, por la sabiduría con la que trabaja: Tiene una paciencia infinita y no se cansa de esperar hasta que caemos en sus redes.

Mayo 29

Encuéntrenlo a Jesús y encontrarán la paz.

Mayo 30

La Madre Teresa fue invitada a fundar una comunidad en Cuba. Entonces pidió a un hermano de congregación que la ayudara a encontrar una imagen de la Virgen María para regalarle a Fidel Castro. Al llegar, fue muy bien recibida por él. Si bien le dio el permiso para atender a los enfermos terminales de la isla, le explicó que en Cuba la revolución había acabado con la pobreza y que, por lo tanto, ya no se encontraban pobres en ella.

Llegado el momento de partir, la Madre Teresa le regaló la imagen de María y le pidió que rezara por ella. Castro le respondió: *Madre, mi oración por usted es mi servicio hacia usted.*

Mayo 31

Dios mío, libremente y con la ayuda de tu amor, deseo permanecer aquí en las calles, con los pobres, para cumplir tu voluntad. No quiero volver atrás; mi comunidad son los pobres; su seguridad, la mía; su salud, mi salud.

Mi casa es la casa de los pobres. No simplemente de los pobres, sino de los más pobres entre los pobres.

De aquellos a los que no nos acercamos porque tenemos miedo de la suciedad y las infecciones.

De los que no pueden rezar en las iglesias porque no tienen qué ponerse.

De los que no son capaces de comer porque han perdido las fuerzas para alimentarse por sí mismos.

De los que son incapaces de llorar porque ya han derramado todas sus lágrimas.

De los que viven tirados en las calles, sabiendo que están cercanos a morir mientras todos los demás pasan sin prestarles atención y desinteresándose.

De los que no necesitan tanto de una casa de ladrillos cuanto de un corazón comprensivo.

De los que no tienen demasiado hambre de alimentos, sino más bien de la Palabra de Dios.

De los que no necesitan tanto de una manta para su desnudez cuanto de dignidad, pureza, justicia.

De los que son rechazados, indeseados, no amados, de los que caen a lo largo del camino a causa del pecado, porque ellos también son los más pobres, los espiritualmente más pobres entre los pobres, en los que tú te escondes, mi Dios, sediento de mi amor, como te escondes en la Eucaristía.

Enséñame a reconocerte en ellos y a estar siempre disponible para ti hoy y cada día hasta el final de mi vida, cuando de nuevo te veré cara a cara, en la gloria. Amén.

Junio

Junio 1

Durante este mes de Junio tendremos la oportunidad de agradecer y alabar a Dios por su gran amor hacia cada uno de nosotros, a través de la preparación a la fiesta del Sagrado Corazón de Jesús.

El Sagrado Corazón nos revela la profundidad, la altura y la amplitud de la compasión de Dios, de su amor misericordioso hacia nosotros. Vivamos este mes más conscientes de la constante presencia de Dios en nosotros, transformándonos en verdaderos testigos de su amor en el mundo de hoy.

Junio 2

Jesús dice: *Vengan a mí todos los que están afligidos y agobiados, y yo los aliviaré.* Él es amable y se supone que ustedes son amables portadores de su amor, apóstoles del Sagrado Corazón. Cuando cometan un error, ese error será perdonado y olvidado si se lo presentan al Sagrado Corazón. Vayan al altar de Dios y traten de estar a solas con Él lo más que puedan, de tal manera que puedan escucharlo cuando les hable en el silencio del corazón.

111

Junio 3

Conozcan la Palabra de Dios.

Amen la Palabra de Dios.

Vivan la Palabra de Dios.

Comuniquen la Palabra de Dios y la Palabra de Dios los santificará.

Junio 4

El Corazón de Jesús, traspasado por amor, nos recuerda la gran oportunidad que tenemos cada día de recibir el Cuerpo de Cristo y su preciosa Sangre en la Eucaristía. El Corazón de Jesús fue herido por hechos crueles. El Corazón de Jesús ha sido traspasado por nuestras faltas.

Nuestro Señor le dijo a Santa Margarita María Alacoque, quien promovió la devoción al Sagrado Corazón, que lo que más lo hirió fue el ser abandonado por aquellos que había elegido como sus discípulos. Nosotros también lo abandonamos cuando dejamos de amar.

Junio 5

Para llegar a ser santos debemos sufrir mucho porque para amar mucho debemos sufrir mucho. El sufrimiento engendra amor, pero es productivo, porque también engendra vida en los corazones.

Junio 6

Un sacerdote jesuita me contó lo que había vivido cuando le cambiaron el destino al que había sido enviado. Pasó todo el día sobre el tren, muy feliz por su nueva misión. Sin embargo, cuando llegó a la estación se encontró con un telegrama que le decía que cambiara de tren para dirigirse a otra misión. Le pregunté qué sintió en ese momento. Me respondió que aceptó el cambio como voluntad de Dios, sin cuestionar.

Esto es abandonarse totalmente; es la completa obediencia. Cuando pertenecemos a Jesús, Él tiene el derecho de contar con nosotros. Abandono total y completa obediencia son la misma cosa.

Junio 7

Dándonos el Nuevo Mandamiento, Jesús nos dijo que debemos amar al Señor nuestro Dios con todo nuestro corazón, con toda nuestra mente, con todas nuestras fuerzas, y a nuestro prójimo como a nosotros mismos.

Debemos amar a nuestro prójimo con la misma intensidad con la que amamos a Dios. Jesús no utiliza demasiadas palabras para hacernos comprender cómo debemos amar a nuestro prójimo. Él simplemente nos dice: *Ámense los unos a los otros como yo los he amado*. Nos gusta servir a la gente que encontramos fuera de nuestras casas, pero no tenemos tiempo de sonreír a aquellos que viven con nosotros.

Junio 8

Allí, en el Corazón de Jesús, nada puede separarnos del amor de Cristo y del amor a los demás. Todas las veces que podamos, estemos a solas con Dios para poder escucharlo en el silencio de nuestros corazones.

Junio 9

Dios nos llama a la obediencia para abrir nuestros corazones a lo que nos dice a través de los demás y no para hacernos sufrir. Dulcemente Cristo nos llama a unir nuestra voluntad a su amor. De esta manera, cuando obedezco, no estoy sola. Si miran a sus superiores, sólo verán a sus superiores. Pero si miran más allá, verán al Señor. Jesús dice una y otra vez: *He venido para hacer la voluntad de mi Padre*. Tal vez un superior pueda cometer algún error al pedirles algo, pero si ustedes dicen: *«Hágase en mi según tu palabra»*, entonces la obediencia y el espíritu de sacrificio los protegerá.

Junio 10

Cada vez más hagan de sus casas espacios de amor y de paz. No dejen que el demonio los engañe con sus trampas, tentándolos a no ser amables sino violentos con los demás. Amen a cada persona como Jesús los ama a ustedes. *Miren cómo se aman*, dijo Jesús. Seamos fieles a sus enseñanzas. No echemos a perder el trabajo de Dios con nuestra falta de amabilidad.

¿Cómo pueden amar a Jesús en los demás si antes no aman a sus propias familias? Debemos hacer un verdadero esfuerzo para convertir a nuestras familias en un solo corazón que ama. Este es el signo de que Cristo está en medio de nosotros.

Junio 11

El Corazón de Jesús es un corazón abierto. Pasen su tiempo en él.

Junio 12

Demos gracias a Dios por todos sus beneficios. Hagámoslo a través de gestos concretos de caridad hacia los demás. Debemos estar unidos para superar las faltas contra la caridad, tanto en los pensamientos como en los actos. Entonces el Corazón de Jesús encontrará en nosotros una verdadera consolación y reparación por los pecados.

Difundamos la devoción al Sagrado Corazón en casa y con los demás. Renovemos con gran determinación la ofrenda de nosotros mismos para ser apóstoles del Sagrado Corazón, aprendiendo del Corazón de Jesús cómo ser mansos y humildes.

Junio 13

Nos cuesta llegar a la santidad porque no vivimos completamente unidos a Jesús, porque no tenemos ese amor y esa pasión por la santidad. Queremos ser santos pero algo nos retiene, tal vez algo insignificante. Pidámosle a Él la fuerza para ser realmente santos. La persona que, cuando habla, no hiere a los demás con su lengua, ya es santa. Ser santo no es nada especial; es simplemente nuestro deber.

Junio 14

No dejen que el pasado los condicione; pongan todo en el Corazón de Jesús y empiecen de nuevo con alegría. Hagan realmente un esfuerzo por crecer en el amor verdadero, en la capacidad de perdonar. Traten de hacer de sus casas un lugar donde Jesús pueda venir y quedarse un momento con ustedes.

Jesús prometió grabar en su corazón a todos aquellos que difunden la devoción a su Sagrado Corazón. Jesús no nos decepciona: nuestros nombres están escritos en su corazón. Pidamos al Sagrado Corazón una gracia muy especial: Amar a María a través de todo el trabajo que hacemos por amor a Jesús, con Jesús y para Jesús. Pidámosle que nuestro amor sea más profundo, más personal, más íntimo.

Junio 15

Rezo para que comprendan las palabras de Jesús: *Ámense los unos a los otros como yo los he amado.* Pregúntense a ustedes mismos: *¿Cómo me ha amado Jesús? ¿Amo a los demás con la misma intensidad?* Si este amor no está en nosotros, podemos matarnos trabajando, que ese trabajo será sólo eso: trabajo; pero no será amor. El trabajo sin amor es esclavitud.

Junio 16

No busquen a Jesús en tierras lejanas. No está allí, está cerca de ustedes, está con ustedes. Solamente conserven las lámparas encendidas y siempre lo verán. Mantengan llena la lámpara del aceite del amor, y verán cuán dulce es el Señor que ustedes aman.

Junio 17

Frente a las dificultades comunitarias, deben convertirse en sagrarios vivos del Dios Altísimo, como lo fue la Sagrada Familia en Nazaret. Cuando estén tentados de responder ante una dificultad con rabia y amargura, toquen el crucifijo que llevan cerca del corazón y digan: *Pasión de Cristo, fortaléceme*.

Junio 18

Cuando le ofrecemos a los pobres nuestro servicio gratuitamente, la palabra «gratuitamente» nos recuerda que debemos depender de la Divina Providencia. Gratuitamente hemos recibido, gratuitamente damos. Esto significa que no tenemos subsidios gubernamentales, que no somos mantenidos por la Iglesia, que no tenemos salario. Es por eso que debemos proteger esa palabra «gratuitamente» y no debemos permitir que nos impidan vivirla. Debemos mantener la sencillez de vida, sin pedir cosas extras o innecesarias.

Junio 19

Nosotros no tenemos que temer a nada, ni siquiera al demonio. Pero la virtud a la que más le teme el demonio es la humildad. Lo aterroriza más la humildad que la fe profunda porque la humildad es la virtud que nos asemeja a Jesús. Jesús nos pide que aprendamos de Él porque es manso y humilde de corazón. Trataremos de

aprender del mismo Jesús, más que de los libros.
Si tratamos de aprender la humildad de los libros
podemos confundirnos y se vuelve más difícil
imitar el camino de la humildad.

Junio 20

Una vez, cuando estaba de viaje, cada día
visitaba una comunidad distinta; así durante
diez días. Por la mañana me despertaba y me
preguntaba: *¿Dónde estoy?* Fue un gran sacrificio
pero recuperé la alegría cuando me puse en las
manos de Dios. Nuestro total abandono consiste en estar totalmente disponibles para Dios y
para la Iglesia. Un superior puede cambiarnos
de tarea o de comunidad, no según nuestros
gustos sino para la gloria de Dios. Tal vez nos
toque limpiar el baño y eso no nos agrade. No
reprimamos nuestros sentimientos cuando nos
pasa algo así, pero sí ofrezcámoslo como un
sacrificio. Esta es nuestra cruz.

Junio 21

¡Qué dulce es Jesús cuando se entrega a sí mismo en la Santa Comunión!: *Esta es mi carne y esta es mi sangre. El que come de mi carne y bebe de mi sangre vive en mí y yo vivo en él.* ¿Qué otra cosa pudo hacer Jesús por nosotros que darnos su carne en alimento? No, nadie podrá hacer algo más grande o demostrarnos más amor.

Junio 22

La crítica no es otra cosa que orgullo encubierto. Destruye todo el amor de Dios. Una persona generosa nunca debe caer en ella. Generalmente, las personas que critican nunca lo hacen abiertamente, sino que lo hacen cuchicheando. Frenen sus prejuicios, es decir, sus pensamientos contra alguien. Es muy triste que estas actitudes entren a formar parte de nuestras vidas.

Junio 23

Un día vivido en soledad con Jesús nos estimulará a buscar con mayor entusiasmo la santidad a través de un amor personal hacia Él. Jesús desea nuestra santificación con inexpresable amor. La Escritura dice: *Ésta es la voluntad de Dios, nuestra santificación.* El Sagrado Corazón de Jesús está colmado de un insaciable deseo de vernos avanzar hacia la santidad. Pero para hacer esto debemos poner continuamente en práctica el amor de Dios.

Junio 24

Promovamos la verdadera devoción al Sagrado Corazón y el rosario rezado en familia. Animemos a las familias a consagrarse al Sagrado Corazón y al Inmaculado Corazón de María. ¿Qué familia no tiene una estampa en sus casas, aunque sea una pequeña? Esfuércense por conservar unidas a las familias, recordando el dicho de que «Familia que reza unida, permanece unida». ¡Hay tantos hogares desunidos!

Pero nuestro trabajo consiste en llevar a Jesús a los pobres y mostrarles cómo orar las situaciones de la vida. Si una familia necesita más ayuda que otra, tómense todo el tiempo necesario para resolver el problema aun cuando tengan que pedir repetidamente la asistencia del sacerdote de la parroquia.

Junio 25

Sean fieles en las pequeñas cosas, porque en ellas radica nuestra fuerza. Para el buen Dios, nada es pequeño. Él es tan grande y nosotros tan pequeños, pero se rebaja y nos envía esas pequeñas ocasiones para darnos la posibilidad de demostrarle nuestro amor. Por el solo hecho de que provienen de Él, no son pequeñas sino muy grandes, infinitas. Por eso, sean fieles a los pequeños gestos de amor, para que en sus corazones crezca la santidad y se asemejen cada vez más a Cristo.

Junio 26

Jesús les pidió a sus discípulos que aprendieran de Él porque era manso y humilde de corazón. Nosotros también debemos ser mansos con los demás y entonces estaremos en paz con Dios, demostrándole nuestro amor a través de un servicio amable y generoso.

Junio 27

Cuando recen no hablen demasiado. Aprendan a rezar con Jesús y déjenlo rezar en ustedes y a través de ustedes. Entonces pongan el fruto de esa oración en actos concretos amándose unos a otros como Jesús los ama a ustedes.

Junio 28

Jesús nos enseñó a rezar cuando dijo: *Recen de esta manera: "Padre nuestro... hágase tu voluntad... perdónanos como nosotros perdonamos..."*. Es tan simple y tan hermoso. Lo repetimos a lo largo del día y todos los días de nuestra vida. Si rezamos el «Padre nuestro» y lo vivimos, conoceremos la santidad. Todo radica ahí: Dios, yo, mi prójimo.

Junio 29

Señor, mi Dios, en el nombre de Jesús y por el amor de Jesús y porque Jesús dijo que todo lo que pidamos en su nombre nos será concedido, concédeme la gracia de amarte por sobre todas las cosas, la gracia de tener un corazón como el de Jesús, manso y humilde.

Junio 30

La fiesta del Inmaculado Corazón de María, causa de nuestra alegría, está cerca. Preparémonos para ese gran día con una humilde y profunda gratitud a Dios y pidámosle dos gracias especiales que tuvo su Madre: la perseverancia en nuestra hermosa vocación y un amor atento a las necesidades de los pobres de Dios. La grandeza de María fue su humildad. No por nada Jesús quiso vivir cerca de ella. Aprendamos de ambos una misma lección: ser mansos y humildes de corazón.

Julio

Julio 1

Hagamos crecer nuestro amor por la Eucaristía aceptando con alegría todos los pequeños sacrificios que encontramos a diario. No rechacemos los pequeños dones porque son importantes para nosotros y para los demás. Durante este mes rezaremos con frecuencia esta oración: *En unión con todas las misas que son ofrecidas en el mundo, te ofrezco, Señor, mi corazón. Hazlo manso y humilde como el tuyo.*

Julio 2

¿Están unidos a Jesús de tal manera que nada pueda separarlos de Él? Jesús y el Padre ¿pueden habitar en sus corazones? ¿Hay suficiente silencio en ellos como para que Jesús pueda orar con el Padre? Recuérdenlo, la oración es difícil si no saben guardar silencio en lo profundo del corazón porque es ahí donde Dios habla. Sólo entonces serán capaces de hablar a los demás de lo que abunda en el corazón.

Julio 3

Recuerden tres cosas: un total abandono en Dios, una actitud de confianza hacia cada persona, alegría con todos. Entonces serán santos como Jesús. La santidad es alegría, amor, compasión y, especialmente, humildad. Una persona humilde y pura está en camino hacia una gran santidad. La verdadera amistad puede ayudarlos a llevar una vida de santidad. Todo puede ayudarlos a crecer en santidad pero, recuerden, nadie va a obligarlos a ser santos.

Julio 4

En lo más profundo de nuestros corazones todos nosotros queremos significar algo para alguien. Como religiosos, nuestro voto de castidad es algo parecido a esto: queremos significar algo para Jesús. Ser castos, para nosotros, es algo más que no casarse. Hay personas que eligen no hacerlo por distintos motivos. Nosotros elegimos la castidad porque tenemos hambre de Dios.

Julio 5

No tengas miedo de ser pobre y de esa manera proclamarás la pobreza de Dios. En Roma las hermanas construyeron una casa como la de la gente pobre. Como era una casilla, no les llevó mucho tiempo hacerla. Este ejemplo concreto de pobreza fue una gracia muy grande para la gente que vive en casillas y también para otras personas.

Nosotros no estamos obligados a ser pobres, pero elegimos ser pobres por amor a Jesús, así como Cristo, siendo rico, se hizo pobre por nosotros.

Julio 6

Vivamos muy unidos al corazón de Dios y renovemos nuestro compromiso de ser castos.

Con Santa María Goretti debemos decir que preferimos morir antes que pecar. Con frecuencia podríamos rezar durante el día: *Pureza del Corazón de Jesús, purifica mi corazón. En unión con toda tu Preciosa Sangre ofrecida en el sacrificio de la Misa en todo el mundo, te ofrezco mi corazón*

131

por todos mis hermanos y hermanas, especialmente aquellos que son tentados contra la pureza.

Julio 7

Hasta que no sean como niños, no podrán entrar en el cielo. ¿Qué significa volverse como niños? Tener un corazón puro, un corazón lleno de Jesús.

Julio 8

Se dice que la humildad es la verdad. Jesús es la verdad; por lo tanto, lo que más nos ayudará a parecernos a Él es la humildad. Esconder los dones que Dios nos ha dado o hacer nuestro trabajo de modo ineficiente no es humildad.

Digamos con frecuencia esta oración: *Jesús, tú dijiste que todo lo que pidamos en tu nombre nos será concedido. Por lo tanto, en tu nombre y por amor a ti, te pedimos la gracia de amarte sólo a ti, la gracia de hacer que nuestro corazón sea similar al tuyo, manso y humilde.*

Julio 9

Si dejamos que determinados pecados se conviertan en un hábito cotidiano, en una especie de anemia moral, la vida espiritual comienza a derrumbarse y cae. Que Dios nos preserve de todo pecado deliberado, por más pequeño que sea, porque nada es pequeño cuando va en contra de Dios.

Julio 10

Pongamos en acto el amor de Cristo hacia la humanidad, recordando las palabras de la *Imitación de Cristo* que dicen que el amor no siente el peso, no le importa el esfuerzo, está dispuesto a hacer más de lo que realmente puede, no se queja de los obstáculos porque siente que puede hacer todas las cosas. Cuando estamos agobiados, el amor no se cansa; cuando tenemos obligaciones, el amor no se siente coaccionado; cuando tenemos miedo, el amor no se perturba. Como una llama encendida, como una antorcha, el amor asciende y pasa seguro a través de todas las adversidades.

Julio 11

En nuestro noviciado en Roma tenemos una enorme y hermosa viña, muy extendida, que cubre todo el terreno. Un día le pedí a las novicias que tomaran para la meditación el capítulo quince del Evangelio según San Juan. Cada una de ellas se sentó en un lugar diferente debajo de la viña, sintiendo, tocando la viña, leyendo el texto evangélico una y otra vez.

Una novicia me hizo notar lo siguiente: *Madre, no hay ni un racimo en el tronco de la viña; todos están en las ramas. Las ramas están llenas de frutos, y parece extraño que no haya nada en la viña misma. De la misma manera, nosotros somos las ramas de las que se esperan los frutos.*

En efecto, nosotros, siendo la expresión del amor de Dios, debemos llevar frutos de compasión, de amor y atención hacia todos aquellos con los que trabajamos.

Julio 12

Jesús fue enviado para traer la Buena Noticia al mundo, a los pobres. Parece extraño que haya pasado treinta años en Nazaret en completo silencio. Ni los judíos sospecharon nada. ¿Podía salir algo bueno de Nazaret? Incluso María se debe haber preguntado cuándo comenzaría su misión.

Julio 13

Nuestra primera gran responsabilidad es ser una familia, una comunidad, manifestándonos unos a otros algo del amor de Dios, de sus cuidados, de su ternura, al punto que los demás puedan decir: *Miren cómo se aman.* Estando tan cerca unos de otros, podemos olvidarnos del amor y de la bondad de Dios que deberíamos comunicar a aquellos que están más cerca nuestro. Por eso, ayudémonos mutuamente a superar las dificultades y los roces, para comenzar una vida nueva cada día en la alegría de Jesús.

Julio 14

Jesús quiere decirles una y otra vez cuán grande es el amor que tiene por cada uno de ustedes.

Me temo que algunos aun no se han encontrado con Jesús cara a cara, a solas con Él, no en los libros, sino estando con Él en lo más profundo de sus corazones.

Hasta que no puedan escuchar a Jesús en el silencio de sus corazones, no podrán escucharlo decir *Tengo sed* en el corazón de los pobres.

Julio 15

Debemos saber guardar silencio, como Jesús lo hizo durante treinta años en Nazaret. Aun hoy, permanece en el sagrario intercediendo silenciosamente por nosotros.

Julio 16

Tenemos que ser la luz de la caridad. La caridad y la humildad son los gemelos nacidos de la santidad.

Julio 17

Dios ha mostrado su grandeza sirviéndose de cosas pequeñas. Dejémoslo libre para que cuente con nosotros sin consultarnos. Aceptemos todo lo que nos da y démosle todo lo que nos pida ¡con una gran sonrisa!

Julio 18

El Evangelio necesita ser anunciado nuevamente en aquellos países que dejaron de ser cristianos. Lleven la Palabra a los que tienen hambre y sed de Dios, comenzando por sus propias familias. La caridad empieza por casa.

Julio 19

Jesús tiene hambre. Yo creo que tiene hambre de nuestro amor así como nosotros estamos hambrientos del suyo. Él tiene tanto hambre de dar su amor como nosotros de recibirlo.

Julio 20

Alguien me preguntó: *¿Qué es la oración?* Para mí la oración es estar unidos a Dios.

Julio 21

Todo lo que hacemos es una gota en el océano, pero si no lo hiciéramos, el océano tendría una gota menos.

Julio 22

Si nuestras casas son realmente comunidades donde se viven el amor y la unidad, venceremos toda situación adversa. El amor empieza por casa; por eso, estemos atentos al modo en que nos amamos los unos a los otros. En este sentido, no tengan miedo de amar hasta que les duela porque así es como Jesús nos ha amado. Muchos sufrimientos en nuestros hogares provienen del uso incontrolado de las palabras, dichas en cualquier lugar, frente a otras personas. Abramos los ojos sobre el daño que provocamos cuando hablamos sin amor.

138

Julio 23

Aunque resulte paradójico, cuanto menos centramos nuestra vida en nosotros mismos, es decir, cuanto más pobres somos de «nuestros» proyectos, más ricos somos de Dios, porque nos identificamos con su plan de amor.

Julio 24

Nuestra santa fe no es más que un evangelio de amor. Ella nos revela el amor de Dios y, como respuesta, nuestro amor a Dios, que es amor. Un misionero debe ser un misionero de amor. Debemos expandir el amor de Dios por toda la tierra para ayudar a las personas a arrepentirse sinceramente de sus pecados. Fortalezcan a los demás contra las tentaciones, hagan crecer su generosidad, refuercen su deseo de sufrir por Cristo.

Julio 25

La preocupación por los demás es el comienzo de la gran santidad. Si aprenden a pensar en los demás se parecerán siempre más a Cristo. Su corazón siempre pensó en las necesidades de los demás. Nuestra vocación, para que sea auténtica, debe estar llena de esta preocupación por los demás. Por eso Jesús pasó haciendo el bien. En Caná, María no hizo otra cosa que pensar en las necesidades de los demás y hacérselas conocer a Jesús. La sensibilidad de María y José fue tan grande que hizo de Nazaret la morada del Altísimo.

Julio 26

La oración es tan necesaria como el aire, como la sangre en nuestros cuerpos, como algo que nos mantiene en vida... que nos mantiene en vida para recibir la gracia de Dios.

El silencio nunca es corregido. Con frecuencia tengo la respuesta pero no la digo, espero, y luego estoy agradecida a Dios por darme la oportunidad de no arrepentirme por haber guardado silencio.

Tomemos la decisión de controlar nuestra lengua. Si queremos amar a Jesús en nuestros hermanos y hermanas con un amor indivisible, entonces nuestra lengua debe estar limpia. Cada día Jesús toca nuestra lengua en la Eucaristía. Cuando, siendo niña, me preparaba para tomar la Primera Comunión, mi madre me dijo que si decía una mentira mi lengua se volvería negra. Un día dije una mentira y ¡corrí al espejo para verme! Seguramente fue mi imaginación, pero yo me vi la lengua de color negro. Entonces fui y le conté a mi mamá que había mentido. Que nuestra lengua no se ensucie porque Jesús estará en ella como lo estuvo en el seno de su madre.

Julio 28

¡Están viviendo para Jesús? ¡Son todo oídos, ojos y corazón sólo y totalmente para Jesús? Pasen un tiempo a solas con Jesús. Él los ha llamado, ustedes le pertenecen y, si se lo piden, Él les dará su corazón para que lo amen.

Julio 29

Mi hermana y yo acostumbrábamos a leer los mismos libros. Un día ella leyó un libro y después me lo pasó a mí. Apenas leí dos páginas, sentí que seguir leyendo sería pecado. Más tarde le pregunté si había leído el libro. Ella me contestó que sí y que no había encontrado en él nada de malo. No hubo ningún pecado en el hecho de que mi hermana leyera el libro, pero a mí, mi conciencia me decía que no podía leerlo. Y no lo hice.

La humildad de María agradó a Dios. Ella fue muy libre porque era muy pobre. Fue tan pura, tan llena de gracia, que Dios pudo contar con ella para que se encarnara su Hijo Jesús. Dios usó su carne y su sangre para formar el cuerpo y la sangre de Jesús. Ese cuerpo y esa sangre entregados sobre la cruz como un símbolo redentor de perdón y de gran amor. Y algo realmente maravilloso ocurrió cuando la última gota mezclada con agua brotó de su corazón herido: su último pensamiento fue para su madre, para que tuviera alguien que la amara. Jesús le dio a Juan, su discípulo amado, para que ocupara su lugar. Juan, en su amor por Jesús, la recibió como a su propia madre.

¿Jesús podría decirnos a nosotros: *Ahí tienes a tu Madre*? ¿Nuestro amor es tan tierno, nuestro corazón tan puro, que podemos aceptarla como nuestra Madre, como lo hizo Juan? En cada Misa nosotros también tenemos la posibilidad de recibirla como Madre. Sólo necesitamos creer. Cuando lo recibimos a Jesús en la Santa Comunión, pidámosle a María que venga a nosotros para que nos enseñe a cuidar de Él como lo hizo ella en Nazaret. Tenemos una gran oportunidad

143

de cuidar de Él en los pobres y de ser realmente contemplativos en el corazón del mundo.

Julio 31

El Papa Juan Pablo II le pidió al Cardenal Poletti, vicario de la diócesis de Roma, que buscara una casa vacía donde poder realizar el proyecto de la Madre Teresa para dar asistencia a las madres solteras. El Papa le dijo al cardenal, un poco en serio, un poco en broma: *Cuando la encuentre, tráigame la llave; si no, no me va a creer.*

Por este motivo, la casa, fundada en Primavalle, un barrio de Roma, tiene en la entrada un cuadro con el Santo Padre dándole las llaves a la Madre Teresa.

La anécdota ilustra la determinación de esta humilde religiosa que, al momento de su muerte, había fundado 602 casas en 125 países con 3.914 hermanas, para el servicio de los más pobres entre los pobres, material y espiritualmente: Refugios providenciales para los sin techo, los bebés no deseados, los leprosos, los alcohólicos, los adictos, las prostitutas, los enfermos de sida, los moribundos, los marginados y rechazados de todo tipo.

Agosto

Agosto

Agosto 1

Meditemos cada día en los sufrimientos de Cristo. Con frecuencia rezamos: *Jesús, permíteme compartir tu sufrimiento.* Pero cuando la espina de una desatención aparece en nuestro camino o recibimos un salivazo bajo la forma de una crítica sin caridad, olvidamos que ése es el momento para compartir con Él su pena y su dolor.

Agosto 2

A medida que progresamos en el conocimiento de Jesús, aprendemos mejor a rezar. Esta oración nos hace más perseverantes porque nuestra vocación se fortalece y nos impulsa a amar más y mejor. Cuando nuestra oración empieza a disminuir, nuestra vocación está en grave peligro.

Agosto 3

Jesús gozó de la total confianza del Padre para realizar su misión, pero a los ojos del mundo no valía nada, era alguien como todos. Los demás se preguntaban: *¿Cómo puede predicar de esa manera? ¿No es el hijo del carpintero?* La cruz también fue un signo de fracaso, pero en ella se consumó la salvación del mundo entero. María misma se debe haber preguntado muchas veces: *¿Cuándo? ¿Por qué? ¿Cómo?*

Ustedes y yo, ¿para qué estamos aquí? Para la salvación y santificación de los más pobres entre los pobres. Lavar las llagas a un leproso, enseñar a los niños, hacer pequeñas cosas por y con Jesús, esos son gestos que salvan y santifican, porque están hechos con amor.

Agosto 4

La humildad siempre irradia la gloria y la grandeza de Dios. ¡Qué bellos son los caminos de Dios, que usa la humildad, la pequeñez, la debilidad y la pobreza para demostrar su amor hacia el mundo! No tengan miedo de ser humildes, pequeños, frágiles, para demostrar cuánto aman a Dios.

Agosto 5

La primera vez que fui a una villa a enseñar catecismo a los niños le pregunté a un pequeño de cuatro años: *Nironjon, ¿me puedes hablar sobre la Santísima Trinidad?*

Él me respondió: *La Santísima Trinidad es como mi dedo. Mira, tiene tres partes. Cada parte por separado no es un dedo; sólo si están juntas lo son.*

Agosto 6

¿Qué significa creer en la Divina Providencia? Significa tener una fe firme y viva en que Dios puede ayudarnos y que realmente lo hará. Que puede es evidente, porque es todopoderoso. Que lo hará es seguro, porque prometió ayudarnos en muchas páginas de la Sagrada Escritura y porque, además, es infinitamente fiel a todas sus promesas.

Agosto 7

El modo de ser pobre de Jesús fue simple: confió totalmente en su Padre.

Agosto 8

Amen a Dios con generosidad, con confianza, sin mirar atrás, sin miedo. Entréguense totalmente a Jesús. Él contará con ustedes para realizar grandes cosas si creen mucho más en su amor que en la propia debilidad. Crean en Él; confíen ciega y absolutamente en Él, porque Él es Amor.

Agosto 9

Sepan recibir el perdón para poder dar perdón.

Agosto 10

¿Qué significa para nosotros ser los más pobres entre los pobres? ¿Sabemos lo que significa

150

tener hambre y sed, estar solos y sin amor? ¿Sabemos lo que significa estar enfermos o ser rechazados, sin techo e incomprendidos? ¿Los pobres realmente nos conocen? ¿Nos aman? ¿Son felices con nuestra presencia? Renovemos nuestro amor a los pobres. Seremos capaces de hacerlo sólo si somos fieles a la pobreza que hemos elegido.

Agosto 11

Detrás de las quejas se esconde el demonio. Esto es altamente contagioso. Es como la picadura de un mosquito: el aguijón está ahí y después de unos meses tenemos paludismo.

Agosto 12

En Nueva York, las Misioneras de la Caridad están trabajando con enfermos terminales. Ellas ven a diario el terrible sufrimiento de nuestra gente, su soledad, los miedos, el sentimiento de sentirse abandonados, rechazados, no amados. Creo que esto es peor que el cáncer y el sida.

Las hermanas han encontrado gente de este tipo con frecuencia: completamente destrozados, desesperados ante tanto sufrimiento. Y nosotros, ¿conocemos el dolor y la pobreza de la gente con la que entramos en contacto?

Agosto 13

Dejen que Jesús se sirva de ustedes sin consultarlos. Obedecer se vuelve algo natural cuanto más unidos estamos a Jesús.

Agosto 14

Vísperas de la Fiesta de la Asunción

Corazón de María, el más tierno corazón de Madre, causa de nuestra alegría, nos consagramos sin reservas a ti. Queremos pertenecerte en la vida y en la muerte. Tú sabes, Madre Inmaculada, que tu divino Hijo nos ha elegido por su infinita misericordia, a pesar de nuestras miserias y pecados, no sólo como sus hijos, sino también como ofrenda para consolar su divino corazón en el sacramento de su amor.

Hoy hemos venido a ofrecerle, a través de tu purísimo corazón, el entero sacrificio de nosotros mismos. Con plena libertad renunciamos a nuestros propios proyectos aceptando voluntaria y amorosamente todos los sufrimientos que Él permitirá en nuestro camino. Pero, conscientes de nuestra debilidad, te pedimos, Madre, que nos protejas con tu materna protección para obtener de tu divino Hijo todas las gracias que necesitamos para perseverar.

Bendice esta casa y a cada uno de los que nos confiamos a tus cuidados, a nuestros amigos y bienhechores, para que todos perseveren en la vida de la gracia o la recuperen, si la hubieran perdido. Cuando nos llegue la muerte, que nuestros corazones, modelados según tu Corazón Inmaculado, exhalen su último suspiro en el corazón de tu divino Hijo. Amén.

Agosto 15

Asunción de la Virgen María

Y María dijo *sí*, en el momento en el que Él vino a su corazón. Entonces, ¿qué sucedió? La que era tan pequeña se volvió grande para dejarlo vivir y amar en ella.

Agosto 16

La oración no puede vivir por sí misma. No existe la oración si no es alimentada por el sacrificio.

Agosto 17

Nuestra vocación es Jesús. La Biblia lo dice muy claramente: *Te he llamado por tu nombre; tú eres de gran valor para mí. El agua no te apagará, el fuego no te quemará. A ti te daré las naciones, tú vales mucho. ¿Puede una madre olvidarse de su hijo, no sentir ternura por el fruto de sus entrañas? Aunque ella se olvidara, yo nunca me olvidaré de ti. Tú eres de gran valor para mí, te llevo en la palma de mi mano.*

Quienes elegimos la vida religiosa, crecimos con hermanos y hermanas, jugando juntos, educados por los mismos padres. ¿Qué es lo que sucedió? ¿Por qué nosotros elegimos vivir exclusivamente para Jesús? Seguramente escuchamos que Jesús nos llamaba por nuestro nombre. Santa Margarita María dice que Jesús le dijo: *Mi amor por ti no es una broma.* Del mismo

modo, nuestro amor a Jesús no es una broma.
Hemos respondido: *Sí, voy a seguirte*. Debemos
tener esa convicción de que Él nos ha llamado
por nuestro nombre; por eso le pertenecemos, y
nada ni nadie puede separarnos de Él.

Agosto 18

María nos llama a ayunar, a hacer penitencia
y a rezar. Seamos fieles a estas prácticas si queremos ser sinceros en nuestro deseo de conducir a
nuestros hermanos a Jesús. Recemos, ayunemos
y hagamos penitencia por los sacerdotes, para
ayudarlos a ser santos y conducir a los hombres
a Jesús.

Agosto 19

¡Sean fieles a Cristo! ¡Sean perseverantes en
la oración! Recuerden que fueron creados para
cosas más grandes. Nunca aspiren a un ideal que
esté por debajo de este. Que nada los satisfaga,
sino sólo Dios.

Agosto 20

Si tienen que acarrear al piso de arriba el agua para bañarse y encontrar tres baldes llenos en el baño; si deben dormir en un rincón donde no corre aire, no demuestren cuánto les disgusta. Es en estas pequeñas cosas en las que pueden practicar la pobreza. La pobreza nos hace libres. Por eso podemos bromear y sonreír y tener un corazón feliz para Jesús.

Agosto 21

La ofrenda más grande que podemos hacer es la de un corazón ferviente. Si realmente deseamos ser verdaderos colaboradores de Cristo, procuremos vivir según el Evangelio. Estamos consagrados a Él; Jesús nos eligió para Él. Por eso estamos alegres, porque estamos siempre muy cerca de Él escondido en los pobres.

Agosto 22

Fiesta de las Misioneras de la Caridad

Que María sea una madre para cada uno de nosotros, la causa de nuestra alegría. Que nosotros seamos Jesús para ella, la causa de su alegría. Nadie aprendió a ser humilde como María. La servidora del Señor estaba completamente vacía de sí misma; por eso Dios la llenó con su gracia, con Él mismo. Ser un servidor significa estar a disposición de alguien, para que disponga de uno según sus deseos. Esto significa pertenecerle sin reservas, con total confianza y alegría. María fue servidora del Señor por propia voluntad. La alegría fue su fuerza.

Agosto 23

Deberíamos sentir un cierto remordimiento si nuestra caridad no fuera la que debería ser. Nuestra caridad debería ser muy humilde, simple, abierta, generosa, misericordiosa y atenta. En general, deberíamos perfeccionar nuestra educación, nuestra comprensión, el amor fraterno, la madurez y nuestra profunda confianza en los demás.

Agosto 24

Mi secreto es simple: rezo.

Agosto 25

La Escritura dice: *Hagan perfecta mi alegría, permaneciendo bien unidos. Tengan un mismo amor, un mismo corazón, un mismo pensamiento. No hagan nada por rivalidad o vanagloria, y que la humildad los lleve a estimar a los otros como superiores a ustedes mismos. Que cada uno busque no solamente su propio interés, sino también el de los demás.*

Sin esta unidad del espíritu de familia, una comunidad difícilmente seguiría existiendo. El mayor servicio que podemos hacer por nuestras comunidades es la observancia fiel a esta ley de caridad que es también la vida de toda familia. En el lado opuesto, los más grandes enemigos de una comunidad, de una familia, son los que con su falta de caridad provocan la desunión.

Agosto 26

Todo depende de cómo nos amamos los unos a los otros.

Agosto 27

Tenemos que «rezar el trabajo» con Jesús; ser personas de oración aun en medio de las tareas más difíciles, rezando el trabajo con Jesús. Alguien dijo que la oración vocal en común no es oración. Estoy segura de que María y Jesús a menudo rezaban juntos los salmos. Naturalmente, si sólo recitamos oraciones, distraídos, seguramente no estamos rezando. Rezar significa estar totalmente unidos a Jesús, a tal punto que le permitamos rezar en nosotros, con nosotros, por nosotros, y a través de nosotros.

Agosto 28

San Agustín nos dice que el progreso en la santidad depende de Dios y de nosotros, es decir: de la gracia de Dios y de nuestra voluntad. Cada

159

uno de nosotros debe buscar los medios para alcanzar la santidad con verdadera decisión. Si somos fieles a los pequeños actos de amor, a los pequeños sacrificios, a las pequeñas renuncias, entonces nos asemejaremos más a Cristo y construiremos una vida de santidad. La santidad es sólo un grado muy alto de amor. Ayudémonos los unos a los otros a alcanzarlo.

Agosto 29

Debemos llegar al corazón de los demás. Para llegar al corazón, debemos hacer todo lo que esté a nuestro alcance, ya que el amor se demuestra en las obras. La gente se siente atraída más por lo que ve que por lo que escucha. Por lo tanto, no pierdan el tiempo en encuentros y reuniones. Si las personas nos quieren ayudar, entonces déjenlos que vengan y vean. La realidad es más atractiva que una idea abstracta. Traten de poner en los corazones de sus hijos el amor por el hogar. Inspírenles el deseo de estar con sus familias.

Agosto 30

Bienaventurados los que tienen hambre:
del amor de Dios,
del Pan de Vida,
del amor de las personas,
de santidad,
de una vida de oración,
de respeto y dignidad humana,
de ser reconocidos como hijos de Dios,
de una palabra de simpatía, de una sonrisa.
¿Soy capaz de reconocer estas hambres en mí?
En el hambre de mi soledad, ¿hacia quién me dirijo para saciarla?
En el hambre de mis pecados, ¿es Jesús en quien pienso primero?
¿Es Jesús el hambre de mi vida?

¿Es Jesús el amor más profundo de mi vida?

Agosto 31

La Madre Teresa le pidió al Papa Juan Pablo II en una audiencia: *Santo Padre, rece para que no arruine mi obra.* El Papa rápidamente le respondió: ¡Y usted rece para que yo no arruine la Iglesia!

Setiembre

Setiembre 1

Durante este mes de setiembre, como celebramos dos fiestas marianas (el 8 el nacimiento de la Virgen y el 15 la Dolorosa). Aprendamos de ella a ser humildes, puros, generosos y atentos. Entonces nos convertiremos en personas santas como María; como ella, haremos de Jesús nuestro punto de referencia. Nuestra luz y ejemplo de vida será solamente Jesús y seremos capaces de expandir su fragancia por dondequiera que vayamos. Nuestros corazones serán inundados de su Espíritu y, así, en nosotros, a través de nosotros y con nosotros, el Espíritu de Jesús glorificará al Padre.

Setiembre 2

Lo que tratamos de hacer es llevar a Jesús a los pobres y los pobres a Jesús. Eso es todo lo que tratamos de hacer.

Setiembre 3

Nos hacemos religiosos para dar testimonio de la santidad en la Iglesia. La Iglesia espera mucho de nosotros. La Iglesia cree que nuestra forma de vida puede conducir a muchos a la santidad. Si vivimos nuestros votos fielmente, esta vida puede llevarnos al amor perfecto, a hacernos santos. Podemos cometer errores, pero el amor mutuo y hacia Jesús deben permanecer intactos.

Setiembre 4

Debemos obedecer como lo hizo Cristo, hasta la muerte en la cruz. Él vio la voluntad de Dios en todo y en todos; por eso pudo decir que su alimento era hacer la voluntad del Padre. Obedeció a Caifás y a Pilato porque su autoridad provenía de lo alto. No se detuvo a observar sus limitaciones humanas sino que se sometió a ellos con obediencia y dignidad por amor al Padre.

Si obedecemos como Jesús, nuestras vidas agradarán a Dios y Él dirá: *Éste es mi hijo amado en quien me complazco.*

Setiembre 5

Permanezcan cerca de María para poder escuchar que Jesús tiene sed y responderle con todo el corazón, escribió la Madre Teresa el mismo día de su muerte, ocurrida un 5 de setiembre de 1997.

Setiembre 6

Cuando se empieza a faltar a la obediencia, poco a poco se termina faltando a todo. Nos puede pasar a todos. La obediencia es difícil, pero de ella proviene el amor. Hay muchísimas familias divididas porque la esposa no obedece al esposo y el esposo no obedece a la esposa.

Nosotros pertenecemos a Jesús y la obediencia es nuestra fuerza. Debemos hacer pequeños actos de obediencia con mucho amor. La obediencia no es un juego sino un sacrificio. Más amamos a Dios, más lo obedecemos. Aun así, la obediencia es una cruz; por eso Jesús nos invita a tomar nuestra cruz y seguirlo. A todos nos toca obedecer de alguna manera: Hay quienes deben obedecer para no perder sus empleos; los religiosos, en cambio, obedecemos por amor a Jesús.

Setiembre 7

Nunca hagan las cosas secretamente. Esconderse es el comienzo de la mentira, es la mentira en acción.

Setiembre 8

La obediencia, bien vivida, nos libera del egoísmo y del orgullo, y nos ayuda a encontrar a Dios. En Él encontramos al mundo entero. La obediencia es una gracia especial que produce una paz indefectible, alegría interior, y una estrecha unión con Dios. La obediencia vivida con alegría crea una conciencia profunda de su Presencia. La fidelidad a la obediencia –constante, rápida, atenta, indivisible– es como las gotas de aceite que mantienen encendida la luz de Jesús en nuestras vidas. María nos enseñará a obedecer como Jesús, que fue obediente hasta la muerte.

Setiembre 9

Inmaculado Corazón de María, nuestra Reina y Madre, nunca dejes de ser para nosotros el camino que conduce a Jesús, la luz de Jesús, y la Vida de Jesús en nuestras vidas. Como respuesta a este don, ayúdanos a ser cada vez más una causa de alegría para los demás, el camino de la paz para nuestros hermanos, el amor de Jesús entre nosotros.

Setiembre 10

Hoy es el día de la inspiración del carisma, el día en el que nació nuestra Congregación. Demostremos nuestra gratitud y, al mismo tiempo, háganme un gran regalo hablando y pensando bien los unos de los otros, apreciando a los demás y a su trabajo, aceptando a cada uno por lo que es. Al encontrarse, salúdense siempre con una sonrisa.

Ustedes han dado lo mejor de ustedes mismos y es tal vez por la confianza y fidelidad de ustedes que hemos sido capaces de continuar sin temor y sin dudas. Tengamos todos un solo corazón, lleno de amor. Dejemos que Jesús viva plenamente en cada uno de nosotros.

169

Setiembre 11

Contemplamos la humildad de Jesús:

en el pesebre;

en el exilio en Egipto;

en la vida escondida en Nazaret;

en la imposibilidad de hacer que las personas entiendan su mensaje;

en el abandono de sus apóstoles;

en el rechazo de los escribas y los fariseos;

en los terribles sufrimientos de su Pasión y muerte;

en su permanente estado de humildad en el sagrario.

Setiembre 12

Me encantan estas palabras que hablan de la solicitud de la madre del Salvador por servir y comunicar a Dios: *María fue muy rápido*. Y en las bodas de Caná dijo: *Hagan lo que Él les diga*. Jesús hará grandes cosas en nosotros si nosotros hacemos lo que Él nos dice. La obediencia no puede ser una tortura o reducirse a «lo que estamos obligados a hacer»; debe ser una alegría.

Setiembre 13

Si somos fieles, humildes, santos y serviciales para trabajar por los pobres, los demás aprenderán de nosotros. Pero preguntémonos qué es lo que están aprendiendo. ¿Ven nuestros esfuerzos para pertenecer completamente a Dios, a pesar de nuestros defectos? ¿Ven nuestros esfuerzos para ser santos como Jesús y humildes como María? Si realmente obedecemos, somos santos. La Virgen fue tan santa, tan llena de gracia, porque vivió en actitud de abandono: *Hágase en mí según tu palabra.*

Setiembre 14

Jesús siente hoy por cada una de ustedes la misma ternura que sintió por sus apóstoles en la Última Cena. Se están preparando para la última ofrenda de ustedes mismas: hacer los votos como Misioneras de la Caridad, y decir sí a la propia crucifixión. Cuando, por la noche, realicen el último gesto de besar la cruz, recuerden que Jesús les está pidiendo que acepten todo lo que Él les manda, y que le den todo lo que Él les pide con una gran sonrisa.

Setiembre 15

María tiene mucho que enseñarnos sobre la humildad. Ella fue la llena de gracia, aun cuando sólo era la sierva del Señor. Fue la Madre de Dios aun cuando se dedicó a ayudar en los trabajos domésticos en casa de Isabel. Fue la Inmaculada Concepción aun cuando humildemente encontró a Jesús, también humillado, mientras cargaba su cruz. Estuvo a los pies de la cruz, como uno de nosotros, pecadores necesitados de redención.

Como ella, nosotros también hemos recibido innumerables gracias. Como ella, aceptemos siempre la cruz de la manera en que se nos manifieste. Como ella, acerquémonos con gracia y delicadeza a los que están solos y son rechazados. Como ella, no nos sintamos avergonzados o tristes cuando tengamos que hacer trabajos humildes.

Humildad del corazón de María, llena mi corazón. Enséñame, como le enseñaste a Jesús, a ser manso y humilde de corazón para poder glorificar al Padre.

172

Setiembre 16

La penitencia nos aleja del pecado y nos acerca a Dios. Nos impide caer en la mediocridad y nos ayuda a vivir con fervor, con generosidad y en santidad. La contemplación es imposible sin ascetismo y abnegación, sin participar en la Pasión de Cristo, en los sufrimientos de los más pobres entre los pobres. Debemos abandonar el pecado, nuestra propia autoindulgencia, y vivir un intenso amor por Él.

Setiembre 17

La alegría del Señor es nuestra fuerza. Por eso cada uno de nosotros aceptará con alegría una vida de pobreza.Ofreceremos una obediencia llena de vida que brote de esa misma alegría interior. Serviremos al Señor a través de nuestro servicio a los más pobres, con alegre dedicación. Si realizamos nuestro trabajo con alegría, no tendremos motivos para no ser felices.

Setiembre 18

El Cardenal Newman escribió: *Ayúdame a expandir tu fragancia dondequiera que vaya... Ayúdame a predicarte sin predicar, a predicarte no con palabras, sino con el ejemplo, sólo por la atrapante fuerza y la simpática influencia de lo que haga, por la evidente plenitud de amor que mi corazón siente por Ti.* Nuestros trabajos, si están hechos con amor, infunden paz a los demás. Por eso, hagámoslos cada vez con más amor y eficiencia.

Setiembre 19

Debemos ser fieles a nuestra regla de vida. Tener un corazón que aprenda a ver la santísima voluntad de Dios incluso en aquellos detalles que nos parecen insignificantes. La regla más pequeña contiene, como la más importante, la voluntad de Dios. Si amamos a Cristo, viviremos según su voluntad, según nuestra regla de vida.

Setiembre 20

El Santo Padre, en uno de sus mensajes sobre la paz dijo: *No a la violencia, sí a la paz.* ¿Qué es la violencia? En primer lugar pensamos en armas y en asesinos. Nunca asociamos la violencia a nuestras lenguas. Sin embargo, la primer arma, la más cruel, es, justamente, la lengua. Preguntémonos si nuestra lengua contribuyó a la paz o a la violencia. Con ella podemos realmente herir a una persona, podemos matarla.

Setiembre 21

La invitación más convincente a abrazar la vida religiosa es el testimonio de nuestras propias vidas, el espíritu con el cual respondemos al llamado de Dios, la dedicación con la que trabajamos, la generosidad y alegría con las que servimos al Señor, el amor que manifestamos los unos hacia los otros, la pasión con la que testimoniamos el amor de Cristo por los más pobres entre los pobres.

Setiembre 22

Servimos a los más pobres entre los pobres respondiendo al llamado de Jesús: *Todo lo que hagan por el más pequeño de mis hermanos, a mí me lo hacen.*

Nuestro voto de servir a Cristo en los más pobres entre los pobres debemos vivirlo totalmente y no a medias.

Setiembre 23

La humildad le permitió a María ser una mujer servicial. Si realmente queremos estar llenos de Dios, debemos vaciarnos de todos nuestros egoísmos a través de la humildad.

Setiembre 24

La siguiente frase está tomada de la última carta de la Madre Teresa, escrita el mismo día de su muerte:

El amor lleno de confianza y el total abandono hicieron que María respondiera con un «sí» al mensaje del ángel. Y la disponibilidad hizo que fuera rápidamente a servir a su prima Isabel. Esa es exactamente nuestra vida: decirle «sí» a Jesús y servirlo prontamente en los más pobres entre los pobres. Estemos siempre muy unidos a María y ella hará crecer ese mismo espíritu en cada uno de nosotros.

Setiembre 25

Jesús nos eligió para que seamos personas de oración. El valor de nuestras acciones corresponde exactamente con el valor de nuestra oración. Nuestras acciones son fecundas sólo si son la expresión real de una oración auténtica.

Setiembre 26

No saben lo feliz que soy cuando dejo que Dios haga de mí lo que quiera.

Setiembre 27

La delicadeza y la generosidad provienen de un corazón manso y humilde. Hay una contradicción entre lo que dice el demonio –«*No quiero servir*»– y lo que dice Jesús: «*No he venido a ser servido, sino a servir*».

Setiembre 28

Dios nos ama a cada uno de nosotros en forma personal y total, como si no existiera otra persona en el mundo.

Puedo entender la grandeza de Dios, pero no su humildad.

Setiembre 29

Jesús fue enviado por el Padre para darnos la buena noticia de su amor. Cuando llegó el tiempo de volver al Padre, dejó una prueba evidente de ese amor en la Eucaristía. Miren el crucifijo y miren el sagrario. Después de habernos demostrado ampliamente su amor y su misericordia al morir por nosotros, ¿por qué se nos dió en la Eucaristía? Seguramente la crucifixión habría sido suficiente. Pero Jesús quiso darnos la posibilidad de participar en su crucifixión, de continuarla en nuestras vidas, de proyectar los sufrimientos de su cuerpo en la Eucaristía que permanece en el sagrario.

Setiembre 30

El otro día fuimos a una gran fábrica donde confeccionan piezas de avión. En un rincón un hombre estaba sentado fabricando unos pequeños tornillos. Me acerqué a él y le pregunté qué estaba haciendo. Él me miró y me dijo: *Estoy haciendo un avión.* Le respondí: *¿Un avión?* Y su respuesta fue: *Si, sin estos tornillitos, el avión no se movería.*

¿Ven la relación? Cada uno de nosotros es importante para el Cuerpo de Cristo, la Iglesia. Pídanle a Jesús una y otra vez que los ayude a comprender esto.

Octubre

Octubre 1

Cuando Santa Teresita del Niño Jesús se estaba muriendo, las otras hermanas pidieron a la superiora que escribiera sobre ella una pequeña reseña de su vida, como era la costumbre de ese convento. Parecía algo tan simple, tan común. Teresa escuchó este pedido y se alegró mucho. Entonces le dijo a Jesús: *Has hecho grandes cosas con tan poco*. En efecto, Teresa había hecho pequeñas cosas con mucho amor, había realizado pequeños gestos con un amor extraordinario, y fue por eso que Roma la declaró santa.

En el convento donde vivía, había una hermana anciana que era muy difícil de soportar. Siempre estaba quejándose; por lo tanto, nadie quería ocuparse de ella. Santa Teresita, por amor a Jesús, se ofreció voluntariamente para asistirla. Cada día la letanía de quejas comenzaba: *Eres demasiado lenta... Vas demasiado rápido... ¿Qué estás haciendo? Me vas a matar. ¿No podrías ir más rápido?* Esta hermana anciana se quejaba continuamente, pero Teresa le obedecía y hacía todo lo que le pedía. Su obediencia fue total porque quería ser toda de Jesús...

183

Octubre 2

Santos Ángeles, nuestros protectores, recen por nosotros.

Santos Ángeles, nuestros hermanos, recen por nosotros.

Santos Ángeles, nuestros consejeros, recen por nosotros.

Santos Ángeles, nuestros defensores, recen por nosotros.

Santos Ángeles, nuestros iluminadores, recen por nosotros.

Santos Ángeles, nuestros amigos, recen por nosotros.

Santos Ángeles, nuestros guías, recen por nosotros.

Santos Ángeles, nuestra ayuda, recen por nosotros.

Santos Ángeles, nuestros intercesores, recen por nosotros.

Octubre 3

Lleven a Jesús a los demás no con las palabras sino con el ejemplo; demuestren que están enamorados de Jesús.

Sigamos rezando la Oración de San Francisco de Asís cada día, pues nos ayuda a estar más cerca los unos de los otros:

Señor, haz de mí un instrumento de tu paz:
Donde hay odio, ponga yo amor.
Donde hay ofensa, perdón.
Donde hay discordia, unión.
Donde hay error, verdad.
Donde hay duda, fe.
Donde hay desesperación, esperanza.
Donde hay tinieblas, luz.
Donde hay tristeza, alegría.
Maestro, no busque yo tanto
ser consolado como consolar;
ser comprendido, como comprender;
ser amado, como amar.
Porque
dando, se recibe;
olvidándose, se encuentra;
perdonando, se alcanza el perdón;
muriendo, se resucita a la vida eterna.
Amén.

Octubre 5

Para poder rezar, necesitamos tener un corazón puro, estar unidos a Dios. El corazón de María estaba limpio. Por eso fue elegida por Dios y le dio todo a Dios. Podríamos rezar así: *María, Madre de Jesús, ayúdame a hacer que mi corazón sea puro, para poder rezar y vivir en unión con Dios.*

Octubre 6

La humildad y la oración son los medios que nos conducen a la santidad si brotan de un corazón, una mente y una lengua que viven en silencio con Dios. En ese silencio del corazón, Dios nos habla.

Octubre 7

El rosario es nuestra fuerza. Renovemos nuestra devoción y nuestra fidelidad a esta gran oración porque, desde nuestro nacimiento, crecemos bajo la protección maternal de María.

Agradezcámosle por todo lo que hizo y hace por nosotros y demostrémosle siempre más amor. María, la causa de nuestra alegría, está a nuestro lado.

Octubre 8

Nuestra primera gran responsabilidad es la de ser una familia. Lo primero que debemos expresar los unos a los otros es algo del mismo amor de Dios, de su preocupación y su ternura. Cuando los demás nos ven, deberían decir: *Miren cómo se aman.*

Octubre 9

Si amamos a Dios con todo nuestro corazón, si amamos a Jesús por sobre todas las cosas, si tenemos un amor lleno de ternura hacia María, nos sentiremos menos inclinados a apegarnos a las cosas o a las personas. El amor a Jesús, si es intenso, generoso, total, inundará totalmente nuestras mentes y nuestros corazones, y nos hará libres para amar.

Octubre 10

El sufrimiento de los pobres es muy grande en todo el mundo. Nosotros también somos los más pobres entre los pobres, pero ¿somos pobres de verdad? Si fuéramos realmente pobres, seríamos más libres y caritativos. Si viviéramos la caridad, tendríamos un amor más íntimo y personal por Jesús. Conociéndonos progresivamente unos a otros, aprenderemos a amarnos más y mejor y el amor nos llevará a servir generosamente, con alegría y con paz.

Octubre 11

Que la alegría de Jesús sea nuestra fortaleza.

Octubre 12

Dejen que Jesús pueda disponer de ustedes sin consultarlos. Permítanselo, porque Él cuenta con ustedes. Dios no los obligará nunca a hacer nada por la fuerza. Jesús mismo vino para hacer la voluntad del Padre y, en Getsemaní, a pesar de todo, dijo: *Que no se haga mi voluntad, sino la tuya.*

Octubre 13

Deben creer que nuestra Regla de Vida es el camino de nuestra santificación, el arma para nuestro apostolado, la fuente de la santidad, de la paz, de la alegría. Es una garantía de perseverancia. Aférrense a la Regla de Vida como un niño se aferra a su madre.

Octubre 14

Contemplar es simplemente darse cuenta de la presencia constante de Dios y de su amor lleno de ternura hacia nosotros.

Octubre 15

La alegría es el fruto del Espíritu y una de las características del Reino de Dios. Dios es alegría. Irradiémoslo. No tenemos motivos para estar tristes. Cristo, queriendo compartir su alegría con los discípulos, rezó para que su alegría estuviera entre nosotros y fuera completa. Jesús debe haber irradiado alegría. Hagamos lo mismo, en nuestros ojos, en nuestras actitudes, en el modo en el que caminamos, en la forma de escuchar, en todo lo que hacemos.

Octubre 16

Jesús estaba conversando con San Gerardo cuando le dijo: *Dame, dame*. San Gerardo le respondió: *No tengo nada para darte; ya te he dado todo*. Jesús insistió: *Dame tus pecados*.

Octubre 17

¿Cuál es la relación entre oración y obediencia? La oración nos dará un corazón limpio; un corazón limpio nos ayudará a ver a Dios y, si vemos a Dios, lo obedeceremos. Cuanto más y mejor rezamos, tanto más la oración producirá en nosotros el fruto de un corazón limpio.

Octubre 18

Para amar, es necesario dar; y para dar es necesario estar liberados de egoísmos, tener el coraje de ser pobres.

Octubre 19

El mayor gesto de humildad es reconocer nuestra nada; y esto es posible cuando conocemos a Dios en la oración. Sólo cuando tomamos conciencia de nuestra nada, de nuestro vacío, Dios puede llenarnos de Él.

Octubre 20

Nunca olvidaré a una joven mujer con cuatro o cinco hijos que abandonó a su familia, una buena familia católica, por otro hombre. No lo podía entender. Su esposo vino a contármelo apesadumbrado. Luego la encontré y le pregunté: *¿Qué pasó? Eras tan buena chica.* Y ella me respondió: *La primera vez que ese hombre pasó, yo estaba parada en la puerta de mi casa. La segunda* *vez, yo fui a la puerta para verlo. La tercera esperé a que pasara. La cuarta, entró en mi casa.*

El comienzo de todo el problema, en realidad, fue esta pequeña infidelidad: *Nunca se lo dije a mi marido*. De la misma manera, ustedes no deben jugar con su indivisible amor a Cristo.

Octubre 21

Cuando aprendemos cuán necesarios son el silencio y la humildad, logramos tener una vida de oración más profunda. Deberíamos ser profesionales de la oración.

En realidad sólo hay una oración: la oración de Cristo. Con frecuencia, nuestras oraciones no producen los resultados esperados porque no fijamos nuestras mentes y nuestros corazones en Cristo. Es a través de Él que nuestras oraciones pueden subir a Dios. Generalmente, una profunda y ferviente mirada dirigida a Cristo es la mejor oración. Nosotros lo miramos y Él nos mira.

Octubre 22

Para Dios todopoderoso, la más pequeña acción que le ofrecemos es un gran regalo. En cambio nosotros medimos nuestro obrar por la cantidad de cosas que hacemos y el tiempo que empleamos en hacerlas. Para Dios el tiempo no es importante y lo que a nosotros debería importarnos es el amor que ponemos en lo que hacemos.

Octubre 23

Dios no puede llenar lo que está medio lleno. Debemos vaciarnos completamente de nosotros mismos para que Dios nos llene de Él.

Octubre 24

Nuestra vida de penitencia consiste en hacer renuncias y en la alegría de participar profundamente en el misterio de la cruz y la resurrección. Con alegría aceptamos todos los sacrificios que tengan que ver con nuestra vida consagrada, ya en la contemplación de Dios ya en el servicio a los más pobres entre los pobres. Vivimos totalmente disponibles para Dios, en una actitud de amor y de confianza, atentos a las necesidades de los demás, frecuentando el sacramento de la reconciliación.

Octubre 25

A través de nuestra compasión, irradiamos la presencia de Cristo. ¿Cómo realizamos esta responsabilidad de ser el amor y la compasión de Dios en el mundo, en la comunidad, en nuestras familias?

Octubre 26

Si hacen su trabajo con alegría, conducirán a muchas personas hacia Dios. La alegría es oración, un signo de nuestra generosidad visible en nuestros ojos, nuestros rostros, nuestras acciones.

Octubre 27

Cuando dejamos de lado la oración, el demonio puede entrar en nuestros corazones. Pregúntense: ¿Rezo? ¿Cómo rezo? ¿Cuándo rezo? ¿Siento la necesidad de rezar? Cuando me cuesta rezar ¿busco algún libro que me ayude? En esos momentos, ¿rezo más prolongadamente, con mayor frecuencia, con más fidelidad? ¿Sigo un método de meditación que me ayude a rezar? ¿Aspiro a rezar con mayor frecuencia? Tanto la penitencia como los ideales nos ayudarán a crecer en la vida espiritual.

Octubre 28

Para llegar a ser santos, necesitamos de la humildad y la oración y de todos los dones espirituales y temporales que Dios nos ha dado. Creceremos en santidad a través de un abandono total en Dios, de un amor confiado y de una actitud de atención a las necesidades de los demás. Creceremos en santidad a través del amor que vivamos entre nosotros, compartiendo las alegrías y los sufrimientos de Jesús.

Nuestro amor a María nos ayudará a ser santos. Recemos el rosario siempre con mayor concentración en cualquier lugar que estemos, incluso cuando viajamos.

Octubre 29

La oración es un sagrado deber y una sublime misión. Nosotros rezamos conscientes de todas las necesidades urgentes y los intereses de los demás, usando nuestro rosario y realizando todos los otros ejercicios espirituales con entusiasmo. Acudimos a la gracia de Dios para obtener misericordia y ayuda para nuestras almas.

Octubre 30

Podemos instalar un cable eléctrico, pero si por él no pasa la corriente, no habrá luz. Ese cable es como nosotros. María fue el cable más maravilloso. Ella se abandonó totalmente a Dios, fue la «llena de gracia», y la «corriente» –la gracia de Dios– pasó a través de ella. En el momento en que esta corriente la alcanzó, se fue corriendo a ver a Isabel. E Isabel dijo: *El niño saltó de alegría en mi seno*. Las «corrientes de gracia» se habían comunicado.

Pidamos a nuestra Madre que nos ayude a hacer que la corriente de la gracia circule por nosotros para que en todo el mundo «conectemos» los corazones de los hombres a Jesús.

Octubre 31

Después de la caída del imperio etíope, muchas de las congregaciones religiosas que trabajaban en ese país fueron expulsadas. El régimen militar que tomó el poder les dijo a las Misioneras de la Caridad: *A ustedes no las echaremos porque aman a nuestro pueblo*.

Durante una visita a ese país, la Madre Teresa se encontró con el general Mengistu haile Mariam y le agradeció el permiso concedido a sus hermanas para que permanecieran en el país. En esa ocasión, el general le preguntó si podía hacer algo por ella mientras estuviera en Etiopía. Ella le respondió: *Sí, quisiera visitar a las mujeres de la familia del emperador que están en la cárcel*.

El general, sorprendido por el pedido, asumió una postura militar rígida y le dijo: *¿Con qué coraje me pide esto, Madre? ¡Son los enemigos del Estado!* Ella respondió: *Ellas eran mis amigas y todavía lo son; por lo tanto, se lo pido con el coraje de querer verlas.* Después de esto, se le permitió visitarlas y llevarles ayuda.

Noviembre

Novembre

Noviembre 1

En la Fiesta de Todos los Santos rezamos por aquellos que están donde nosotros quisiéramos estar, y en el día de Todos los Fieles Difuntos rezamos por aquellos que aun sufren porque están lejos de Dios.

Noviembre 2

Para el mes de Todos los Fieles Difuntos, y en unión con su silencio, ofrezcamos a Dios muchos actos de silencio. Debemos ser extremadamente cuidadosos y gentiles cuando ayudamos a los moribundos. Hagamos que la misericordia de Dios sea muy real a la hora de ayudar a los moribundos, para que se pongan en las manos de Dios con total confianza.

Noviembre 3

Si tuvieran que morir hoy por los demás, ¿qué dirían de ustedes los demás? ¿Qué aspecto de tu persona ha sido el más bello, el que te asemejó a Cristo, el que ayudó a los demás a ser mejores? Mírense a ustedes mismos, con Jesús junto a ustedes, y no se conformen con cualquier respuesta.

Noviembre 4

Si honestamente deseamos la santidad, tres cosas son necesarias: la oración, la abnegación y la caridad. Debemos orar fervientemente y con la máxima fidelidad. Debemos negarnos a nosotros mismos controlando nuestros sentidos y rechazando aquello que nos aleja del proyecto de Dios sobre nosotros. Debemos desarrollar un espíritu de caridad fraterna, lo cual requiere la humildad de nuestra parte como toma de conciencia de nuestra nada, y la gracia de Dios. Debemos ser agradecidos de corazón.

Con San Pablo decimos: *Olvidándome del camino recorrido, me lanzo hacia adelante y corro en dirección a la meta, para alcanzar el premio del llamado celestial que Dios me ha hecho en Cristo Jesús.*

Noviembre 5

Que nada los aleje del trabajo entre los moribundos de Nirmal Hriday ni de los leprosos. Nuestro amor por Jesús se expresa a través de estos trabajos humildes. Como María, nunca nos avergoncemos de hacerlos. Como ella, aceptemos siempre la cruz en la forma en la que se nos presente.

Humildad del corazón de María, llena mi corazón. Enséñame, como le enseñaste a Jesús, a ser manso y humilde de corazón y así glorificar al Padre.

Noviembre 6

Estoy acostumbrada a ver la sonrisa de nuestros pobres; hasta los moribundos sonríen.

Noviembre 7

¡Qué alegría es saber que estamos siempre en contacto con Cristo cada vez que estamos con los pobres! De esta manera vivimos el Evangelio. Jesús dijo que cuando socorremos al hambriento, al sediento, al desnudo, a los que no tienen hogar, a los marginados, a los discriminados, a Él se lo hacemos. ¡Qué fuerte es su pedido de ayuda! Las personas que son llamadas a servir a un rey terreno son consideradas afortunadas. Y nosotros estamos aquí, pudiendo tocar, amar y cuidar a Cristo todos los días de nuestra vida.

Noviembre 8

Nuestro trabajo no es una profesión sino una vocación, elegida para saciar la sed de Jesús con una entrega total, completa, sin fijarnos en el precio que debemos pagar.

Noviembre 9

Una vez conocí a un matrimonio en Bangladesh. Cuando la esposa murió, el esposo, sintiéndose abatido por la tristeza, me escribió. Yo le respondí: *Su esposa tenía una gran capacidad de amar, era muy buena con los que sufren, y se fue con Jesús. Si Jesús está en su corazón, ella también debe estar allí, más cerca que antes.*

Noviembre 10

Por más que estén haciendo algo muy bueno en algún lugar, deben estar preparados para dejarlo. El trabajo no nos pertenece a nosotros sino a Jesús. La obediencia y la humildad son la misma cosa. Si quieren saber si son humildes, pregúntense a ustedes mismos: *¿Obedezco porque veo a Cristo en cada cosa que me piden?* Podemos acostumbrarnos a vivir la pobreza, pero en lo que respecta a la obediencia, cada acto es un acto de voluntad. Más viejos nos ponemos, más nos cuesta porque tenemos nuestras propias ideas y nos cuesta aceptar los consejos y las interferencias. Pídanle al Espíritu Santo que les dé la gracia de la obediencia.

Noviembre 11

Jesús se hizo hombre para traernos la alegría.

Noviembre 12

¿Estamos convencidos del amor de Cristo por nosotros y de nuestro amor por Él? Esta convicción es como la luz del sol que hace que la savia de la vida suba y los brotes de la santidad florezcan; es la roca sobre la que se construye la santidad. Para llegar a ella debemos conocer a Jesús, amar a Jesús y servir a Jesús. Lo conocemos por la oración, la meditación y otros actos espirituales. Lo amamos a través de la Misa, los sacramentos y una íntima unión con él. Lo servimos en los pobres más pobres y en todas las personas que encontramos.

Noviembre 13

Hoy es la fiesta de San Estanislao, un novicio, un joven con un corazón muy grande. Admiraba profundamente la pureza de María y amaba con verdadera devoción el Pan de Vida: Jesús en la Eucaristía.

Admiraba tanto la pureza de María que quiso ser puro como ella para poder recibir a Jesús como ella lo recibió.

Lo que ayudó a San Estanislao a ser santo fueron esas pequeñas cosas a las cuales se mantuvo fiel: el silencio de los ojos, el silencio de la boca, el silencio de los oídos, el silencio de la mente y el silencio del corazón.

Noviembre 14

Debemos hacernos atractivos para Dios, como María. La santidad es algo normal, no es nada extraordinario.

Noviembre 15

Sócrates, un filósofo pagano, tenía la costumbre de caminar por las calles, mirar a su alrededor y decir: *No necesito nada de estas cosas.* Si bien no era cristiano y ni siquiera conocía a Jesús, ni había hecho un voto de pobreza, eligió ser libre y no apegarse a nada.

Noviembre 16

Dale tu corazón a Dios, libremente, conscientemente, voluntariamente. Le pertenece.

Noviembre 17

Como el estado de pobreza de nuestros pobres sigue creciendo, seamos más cuidadosos con la pobreza en nuestras casas. A los pobres se les niegan muchas necesidades de la vida diaria. Por eso, estemos más atentos con el uso de las cosas porque las debemos compartir para que los pobres tengan comida, ropa, agua, jabón y electricidad.

Noviembre 18

Recen para conocer la voluntad de Dios, aceptarla y cumplirla con obediencia. Jesús hizo la voluntad de su Padre hasta la muerte en la cruz. María eligió la obediencia cuando dijo: *Hágase en mí según tu palabra*. Esta obediencia es el camino más seguro para la verdadera santidad.

Noviembre 19

Recuerden que Jesús dijo: *Cada vez que lo hicieron con el más pequeño de mis hermanos, a mí me lo hicieron.* Somos privilegiados porque durante las veinticuatro horas del día tocamos el cuerpo de Jesús.

María nos ayudará a vivir en Jesús, con Él y por Él. Jesús será el único que nos guiará y seremos inundados de su santidad, colmados de su espíritu de amor. Hagámoslo todo por Jesús y seamos como María, llenos de Jesús.

Noviembre 20

En muchos de los lugares donde trabajamos, nuestra presencia ha creado una mayor consciencia y atención hacia los pobres. Más que nunca las personas quieren ver el amor en acción a través de trabajos humildes. Es necesario que estemos enamorados de Jesús para ser capaces de darle de comer en el hambriento y acompañarlo en el que está solo.

Noviembre 21

Una vez una niña minusválida y con un retraso mental vino a nuestra casa de Shishu Bhavan. Cuando fue al templo y vio el pan, la cruz y la hostia, señaló el pan y la boca, la hostia y la cruz. Ella había entendido más que cualquier teólogo.

Noviembre 22

La obediencia nos asemeja más a Jesús y nos hace uno con Él; es una constante crucifixión.

Noviembre 23

A veces nos olvidamos de que somos llamados a ofrecer el amor de Dios y la compasión, en primer lugar, a nuestras familias, a los que son verdaderamente la vida de nuestra vida. Con frecuencia, en nuestro corazón hay una cierta amargura; en nuestra lengua, hay palabras desagradables; en nuestras actitudes, orgullo.

Debemos recordar que Jesús viene a habitar en ese corazón; que con esa lengua lo recibimos en la Eucaristía; que ciertas actitudes son indignas de nosotros, que decimos pertenecer a Cristo.

Noviembre 24

El Adviento es como la primavera para la naturaleza: todo se renueva, se vuelve más fresco y lleno de vida. El Adviento nos refresca, nos vuelve más saludables y capaces de recibir a Cristo en nuestras vidas. En Navidad viene como un niño pequeño, indefenso, necesitando de una madre y de todo lo que el amor de una madre es capaz de dar.

Noviembre 25

Por propia voluntad hemos elegido ser fieles a la pobreza. Esta pobreza es un signo de la auténtica pobreza de Cristo. Irradien la alegría de ser pobres, no contándole a la gente lo dura que es nuestra vida, sino simplemente siendo felices de ser pobres con Cristo.

Noviembre 26

El mejor modo de demostrar nuestra gratitud a Dios y a los demás es aceptar todo con alegría. Un día unas personas nos trajeron a un hombre que se estaba muriendo en la calle. Después de haberlo lavado, dijo: *Hermanas, me voy hacia Dios*. Eso es la alegría.

Noviembre 27

Nada puede quitarnos la alegría de amar a Jesús tanto como el dinero. Es una de las llaves que usa el demonio para entrar en nuestros corazones.

Noviembre 28

Hagamos nuestras tareas de cada día con mucho amor, durante toda nuestra vida, en nuestras casas, para nuestros vecinos.

Jesús dijo:

Tuve hambre, no sólo de comida sino de la paz que proviene de un corazón puro.

Tuve sed, no de agua sino de la paz que proviene de la libertad después de la guerra.

Estuve desnudo, no de ropas sino de dignidad.

Estuve desamparado, no de una casa de ladrillos sino de un corazón que me entendiera, que me protegiera, que me amara.

Noviembre 29

Dios eterno, tus ojos están sobre toda tu obra, pero especialmente sobre tus servidores. Aleja de nosotros todo lo que nos aleja de ti y concédenos tu ayuda, para que podamos caminar seguros en medio de los peligros y dificultades de esta vida y llegar felices a las alegrías eternas. Por Cristo nuestro Señor. Amén.

Noviembre 30

En 1994, la Madre Teresa fue una de las disertantes en el «National Prayer Breakfast» de Nueva York, al que asistió el Presidente Bill Clinton. Este encuentro fue uno de los que hicieron historia.

La débil y frágil hermana de Calcuta pronunció palabras muy fuertes en defensa de los niños no nacidos: *Sólo en nuestros hogares para niños en Calcuta, hemos salvado del aborto a más de trescientos chicos. Ellos llevaron mucho amor y alegría a sus padres adoptivos y crecieron llenos de amor y alegría. Por favor, no maten a los niños. Dénmelos a mí. Estoy dispuesta a recibir a todos los niños que querrían ser abortados y darlos en adopción a un matrimonio que los ame y al que ellos puedan amar.*

Más tarde la Madre Teresa me dijo: *Después de mi discurso todos se pararon para demostrar su solidaridad; sólo el Presidente de los Estados Unidos se puso a buscar un vaso de agua.*

Diciembre

Diciembre

Diciembre 1

Padre del cielo, nos has dado un modelo de vida en la Sagrada Familia de Nazaret. Ayúdanos, Padre amoroso, a hacer que nuestras familias sean como la de Nazaret, donde reinen el amor, la paz y la alegría. Que sean profundamente contemplativas, intensamente eucarísticas y vibrantes de alegría.

Ayúdanos a estar unidos en las alegrías y en las tristezas a través de la oración familiar.

Enséñanos a ver a Jesús en los miembros de nuestra familia, especialmente en quienes más nos necesitan.

Que el corazón eucarístico de Jesús transforme nuestros corazones para que sean mansos y humildes como el suyo y nos ayude a llevar adelante los deberes familiares con santidad.

Que nos amemos unos a otros cada día más, como Dios nos ama a cada uno de nosotros, y que perdonemos los errores de los demás como Tú perdonas nuestros pecados.

Ayúdanos, Padre amoroso, a aceptar todo lo que nos envías y a darte todo lo que nos pides con una sonrisa en los labios.

Inmaculado Corazón de María, causa de nuestra alegría, ruega por nosotros.

San José, ruega por nosotros.

Santos Ángeles de la Guarda, acompañen nuestro caminar, guíennos y protéjannos. Amén.

Diciembre 2

En preparación a la venida de Jesús, ponemos una cuna vacía en todas nuestras capillas. Este año preparemos una mejor, hecha de humildad, pobreza y sencillez evangélica. Necesitamos la simplicidad de la vida de Belén y de Nazaret para poder llegar a vivir la vida del Calvario. Quédense con lo sencillo y rechacen aquello que no corresponde a nuestro estilo de vida.

Recuerden que son especiales para Él; que los eligió con gran amor. Se preguntarán por qué los eligió a ustedes y no a otros. Seguramente alguien podría haber hecho las cosas mejor que ustedes y yo. Pienso que Dios quiere demostrar su grandeza sirviéndose de los que son pequeños.

Diciembre 3

Muchos problemas en el mundo se han dado porque se ha descuidado la oración en las familias y en las comunidades religiosas. Un descuido tal destruye el camino hacia la santidad, que es el verdadero fruto de la oración. Jesús dijo: *Cuando dos o tres están reunidos en mi nombre, Yo estoy en medio de ellos*. En efecto, el Espíritu Santo descendió sobre los discípulos cuando estaban en oración con María. La fidelidad a la oración es el comienzo de la santidad.

Diciembre 4

Jesús quiere que preparemos el camino para su venida, porque hay en nosotros demasiados obstáculos para que esto se realice. Dale todo lo que te pida y acepta todo lo que te envíe con una sonrisa en los labios.

Sé una causa de alegría para los demás.

Habla bien de todos.

Sonríe a todos los que encuentres a tu paso.

Haz tres actos conscientes de amor todos los días.

Confiesa cada pecado contra la caridad.

Si ofendes a alguien –aun a un niño pequeño– pídele perdón antes de irte a dormir.

Lee, medita y habla sobre este amor.

Diciembre 5

Reciban a los niños, a los pobres, a los que sufren, a los que están solos, con una gran sonrisa. Denles no sólo cuidados, sino también el corazón. Muchas personas se han convertido más por la ternura que por la elocuencia. Nuestro servicio a los demás debe ser amable, dulce, humilde, sin egoísmos. Que todos los que se acerquen a ustedes puedan regresar más serenos y felices. Sean la expresión viviente del amor de Dios.

Diciembre 6

Con frecuencia los maestros iban a la casa madre de Calcuta para visitar a la Madre Teresa buscando un momento de intimidad con Dios. Dos de ellos, una pareja hindú, le preguntaron:

Madre, dinos algo que nos ayude a ser mejores esposos. Ella les respondió: *Sonríanse mutuamente.* La mujer reflexionó por un momento y le preguntó: *¿Usted es casada?* Y Madre Teresa le respondió: *Sí, y a veces me cuesta mucho sonreírle a Jesús, mi esposo, porque es muy exigente.*

Diciembre 7

El buen Dios se dio a sí mismo por nosotros para alegrar nuestros corazones.

En Belén el ángel anunció noticias de gran alegría. Jesús quería compartir esta alegría con sus apóstoles y oró para que *su alegría esté en nosotros.* La alegría fue la palabra clave de los primeros cristianos. En varios pasajes, San Pablo repite este estribillo sobre la alegría: *Alégrense en el Señor; lo repito, alégrense.*

Como respuesta al gran don de la gracia del bautismo, sirvamos en la Iglesia con alegría. Y recuerden que la alegría no es una simple cuestión de temperamento, sino una actitud elegida que debe ser cultivada.

Diciembre 8

En esta fiesta de la Inmaculada Concepción, consagremos nuestras vidas a María. ¡Cuán limpias deben ser nuestras palabras para poder proclamar el Evangelio a los pobres! María, la Virgen más pura, nos enseñará a ser puros de tal manera que, cuando los pobres nos vean, puedan ver solamente a Jesús.

Diciembre 9

Con frecuencia, los pequeños malentendidos –repetidos una y otra vez– se convierten en la causa de tanto sufrimiento. Pongan amor en todo lo que hagan y habrán cumplido su misión en el mundo.

Diciembre 10

El amor, para ser verdadero, debe hacer sufrir. Dios amó tanto al mundo que le dio a su Hijo. Su Hijo amó tanto al mundo que le dio su vida. Por eso nos pide que amemos como Él amó, dándonos a nosotros mismos.

Diciembre 11

Para un pesebre viviente que hicimos con la gente de la villa, un niño tenía que hacer el papel del posadero. Por lo tanto debía decir: *Lo lamento, pero no hay habitaciones libres en la posada.* El niño reaccionó diciendo: *¡No le puedo decir eso a San José!* La hermana le explicó que se trataba sólo de una obra de teatro; entonces el niño lo aceptó. Cuando llegó el día de la representación, en el momento de decir su parte, dijo: *No hay habitaciones libres en la posada, pero si quieren tomar algo, pasen.*

Diciembre 12

El ángel Gabriel y San José, el carpintero, fueron instrumentos de la voluntad de Dios para María. Ella respondió con una obediencia inmediata. Si aceptamos con humildad y alegría el mensaje que Dios nos dirije a través de nuestros superiores, nosotros también le agradaremos y seremos mensajeros de su amor.

Diciembre 13

Pidamos a la Virgen María y a San José que hagan que nuestras familias sean lo que ellos fueron para Jesús de Nazaret. El amor no radica en las palabras ni puede ser explicado con palabras. Esto se ve especialmente en el amor que vive Jesús, que viene de Jesús y que experimentan los demás en Jesús cuando lo tocan, lo sirven, lo aman. Ese amor es verdadero, vivo, puro, libre de temor y duda. No hay un amor más grande que el que Jesús nos ha demostrado. Por eso, nosotros debemos amarnos los unos a los otros con ese mismo amor.

Diciembre 14

Muchas veces miramos a los demás superficialmente. Hace un tiempo una mujer vino a verme con su hijo y me dijo: *Madre, he ido a varios lugares para pedir un poco de comida, porque no comemos desde hace tres días, pero todos me dijeron que era joven y que fuera a trabajar si quería comer, y nadie me dio nada.*

Inmediatamente fui a buscar comida, pero cuando volví, su bebé acababa de morir de hambre.

Diciembre 15

El amor entre Jesús, María y José fue tan grande que Nazaret se convirtió en la morada del Altísimo. Si entre nosotros vivimos ese mismo amor, nuestros hogares también se convertirán en la morada de Dios. El camino más rápido y seguro para alcanzar esa meta es dominar la lengua, usándola para hablar bien de los demás. La lengua habla de la abundancia del corazón. Si el corazón está lleno de amor, las palabras hablarán de amor.

Diciembre 16

Si María y José estuvieran buscando una casa para Jesús, ¿elegirían la nuestra? En nuestra comunidad, nuestra vida de pobreza ¿se asemeja a la del pesebre de Belén? Durante este tiempo de Adviento, meditemos sobre la pobreza que debemos amar y vivir. Para experimentar la alegría y la libertad de la pobreza, como Jesús, necesitamos vivir la obediencia, porque es su fundamento.

Diciembre 17

Hoy vemos que todo el sufrimiento que hay en el mundo proviene de deficiencias en los hogares. No hay tiempo para encontrarse, para hablarse, para divertirse, y menos aun para responder a las expectativas que los niños tienen sobre sus padres, el esposo de la esposa, la esposa del esposo. Y así, cada vez más vivimos como desamparados en nuestros propios hogares porque compartimos cada vez menos.

Diciembre 18

La pobreza es alegría. Debemos ser felices con lo que tenemos y con lo que no tenemos. La pobreza para nosotros es una elección y, por lo tanto, una alegría. Menos tenemos, más podemos dar.

Diciembre 19

Estamos llamados a «vivir» el amor de Dios, no a «sentir» el amor de Dios. Vivimos este amor a través de la oración y en la acción. Nuestro trabajo es el fruto de nuestra oración; por consiguiente, si nuestro trabajo no marcha bien, debemos examinar nuestra vida de oración. Si descuidamos nuestro trabajo o somos violentos, orgullosos, agresivos y malhumorados, entonces debemos examinar nuestra vida de oración. Seguramente descubriremos que allí algo anda mal.

Diciembre 20

Irradien y vivan la vida de Cristo. Sean un ángel de consuelo para el amigo enfermo. Sean amigos de los niños pequeños. Dios nos ama a cada uno de nosotros con un amor especial e intenso. Sean amables entre ustedes, hablen con delicadeza a los demás. Es mejor cometer un error actuando amablemente que obrar un milagro obrando violentamente.

Diciembre 21

En Navidad, deben estar llenos de la alegría; el amor y la paz de Jesús, renovados dentro y fuera de ustedes. Cristo llega en Navidad como un niño pequeño, necesitado de ayuda, necesitado de todo el amor que le podemos dar. ¿Están dispuestos a recibirlo? Sus padres buscaron una morada para su nacimiento, pero no encontraron ninguna. Si vinieran a nosotros en busca de una casa, ¿elegirían nuestro corazón y todo lo que hay en él?

Diciembre 22

El nacimiento de Jesús está cerca.
Jesús es la luz.
Jesús es la verdad.
Jesús es la vida.
Nosotros también debemos ser la luz de la caridad, la verdad de la humildad y la vida de la santidad.

Diciembre 23

Dios ama mucho al mundo, es decir, a cada uno de nosotros. No ama las riquezas ni las cosas grandes; no vino para habitar en un palacio. Cuando vino al mundo se hizo tan pequeño que nació como un niño, de una virgen, y reposó en un comedero de animales. María no esperaba darlo a luz en tales condiciones. Esto es tan extraño que debemos detenernos y preguntarnos por qué lo hizo. Jesús podría haber tenido riquezas; sin embargo eligió la pobreza. Pienso que la pobreza debe haber sido vista tan bella en el cielo, que por eso Jesús eligió ser tan pequeño, tan pobre.

Para entender al pobre debemos saber qué es la pobreza y por qué Jesús se hizo pobre. Si entendemos nuestra pobreza, nuestra fragilidad, nuestra pequeñez, entonces seremos capaces de servir a los pobres y de llevarlos a Cristo.

Diciembre 24

Una vez recibí una carta muy rara de un hindú. En una Nochebuena, mientras caminaba por la calle, vio a una mamá con un pedazo de tela blanca y algunas flores alrededor de la misma. Era un bebé muerto, un bebé a quien no se le había dado la posibilidad de vivir, de amar.

Él relacionó Belén con el bebé y se dio cuenta de que a través de ese niño estaba frente al mensaje de Belén.

Diciembre 25

Bendita sea la hora y el momento en los que el Hijo de Dios nació de la purísima Virgen María, en esa noche fría de Belén. En esa hora bendita, mi Dios, escucha nuestras oraciones y sacia nuestras esperanzas, por los méritos de nuestro Salvador Jesucristo y su santa Madre. Amén.

Diciembre 26

El tiempo de Navidad nos muestra qué pequeño se hace Dios. Vayan a la cuna y verán cuán pequeño se ha hecho, cómo vivió hasta el extremo ese total abandono.

Debemos aprender a ser como ese niño viviendo nosotros también en completo abandono, confianza y alegría.

¡Vean la alegría del Niño Jesús y la alegría de la Navidad! Nunca estén tristes, nunca dejen que algo les quite la alegría. La Navidad nos muestra cuánto el cielo aprecia la humildad, el abandono, la pobreza, porque el mismo Dios, que nos ha creado a todos nosotros, se hizo tan pequeño, tan pobre, tan humilde.

Diciembre 27

San Juan dijo: *¿Cómo puedes decir que amas a Dios a quien no ves, cuando no amas a tu prójimo a quien ves?* Estas palabras son muy fuertes. Como cuando afirma: *Si dices que amas a Dios pero no amas a tu prójimo, eres un mentiroso.* Pienso que esto es algo que todos debemos comprender: el amor empieza por casa.

Diciembre 28

Cada día rezo pidiendo para que mis hermanas crezcan en santidad. Deben entregarse totalmente a Dios y rezar las unas por las otras. Deben ser verdaderamente santas. Necesito de personas santas para ofrecérselas a Dios. No necesito de números, necesito de Misioneras de la Caridad reales para ofrecércelas a Dios como una ofrenda. Ustedes deben cumplir lo que le prometí a nuestra Madre la Iglesia: darle santos. Tómenlo como una obligación, seriamente.

Diciembre 29

Las Misioneras de la Caridad estamos ante el mundo como embajadoras de paz. Predicamos un mensaje de amor en acción que va más allá de todas las barreras de nacionalidades y credos. El Santo Padre ha dicho que hoy la vocación religiosa significa preferir la vida interior a la exterior. Significa elegir una perfección austera y constante en vez de una mediocridad confortable e insignificante. Nuestra vocación es realmente grande porque nos exige mucho al llamarnos a llevar a Cristo. ¿Qué sentido tiene aceptar a Cristo si no lo anunciamos luego a los demás?

Diciembre 30

El pensamiento siguiente está tomado de la última carta general que Madre Teresa escribió el día de su muerte:

Que nuestra gratitud sea nuestra gran decisión para saciar la sed de Jesús viviendo una verdadera caridad. Amor a Jesús en la oración, amor a Jesús en nuestros hermanos y hermanas, amor a Jesús en los más pobres entre los pobres. Nada más.

Diciembre 31

Este libro les trae las oraciones de Madre Teresa y una especial bendición de Dios para cada uno de ustedes. Como hemos llegado al final de estos 365 días, es oportuno que observemos las maravillas que Dios ha hecho por nosotros, con nosotros y a través de nosotros.

Por la gracia de la perseverancia hasta hoy; porque los pobres nos han aceptado, por darnos su amor y confianza; por aquellos que han compartido nuestro trabajo desde el corazón, con sus manos, con todo tipo de ayudas.

La palabra «gracias» no expresa lo que quisiera decir; por lo tanto, déjame decirte que haré de mi oración un acto de gratitud a Dios.

Agradezcamos a Jesús por todos los dones recibidos y prometámosle que haremos de nuestra sociedad algo agradable a Dios.

LA TERCERA ORDEN DE
LAS MISIONERAS DE LA CARIDAD

El Padre Angelo Scolozzi, M.C.III.O., editor de este libro, es el Superior de la Tercera Orden de las Misioneras de la Caridad.

Históricamente, algunas comunidades religiosas como los Franciscanos y los Dominicanos fundaron «terceras órdenes» para que también los laicos pudieran vivir sus mismas normas de vida, hasta donde les fuera posible, sin dejar de vivir en el mundo.

Por este motivo, la Madre Teresa fundó la Tercera Orden de las Misioneras de la Caridad para que los laicos tuvieran la oportunidad de compartir su trabajo de llevar el Evangelio a los más pobres entre los pobres.

Para más información sobre la Tercera Orden de las Misioneras de la Caridad, escribir al P. Angelo Scolozzi, Via Raffaele De Cesare 30, Roma 00179, Italia; o a James y Katheleen Sousa, P. O. Box 430, Orland, ME 04472, U.S.A.

Cronología

1910: Agnes Gonxha Bojaxhiu nace el 26 de agosto en Skopie, antigua ciudad Al-bania hoy perteneciente a la República Yugoslava de Macedonia.

1917: muere su padre, y los hijos quedan a car-go de su madre.

1928: entra en la orden de Loretto de la India, con sede en Irlanda. Allí asume el nombre de hermana María Teresa (por santa Teresa de Lisieux).

1929: llega a Calcuta para enseñar en la escuela secundaria Santa María.

1931: realizo sus votos de pobreza, castidad y obediencia.

1937: hizo su profesión perpetua. Desde ese momento se la llamó Madre Teresa.

1946: Durante un viaje en tren a Darjeeling, recibe un llamado de Jesús ''para servirle entre los más pobres de los pobres''.

1947: Recibe permiso para abandonar su orden religiosa y se traslada a los barrios pobres de Calcuta donde estableció su primera escuela.

1950: Funda la congregación de las Misioneras de la Caridad. Recibió formación como enfermera durante tres meses en Patna con las Hermanas Misioneras Médicas de Norteamérica y comenzó a ayudar a personas enfermas de lepra.

1952: Funda la residencia del Corazón Puro para los que están moribundos y un año después, su primer orfelinato.

1962: Recibe su primer premio por sus obras humanitarias, el premio Padma Shri. Durante el resto de su vida, utiliza los fondos provenientes de esos premios para fundar numerosas residencias para casos perdidos.

1963: el Papa Pablo VI colocó a la congregación de las Misioneras de la Caridad bajo el control del Papado y autorizo a la Madre Teresa a expandir la Orden religiosa en otros países. Creó los Colaboradores de Madre Teresa y los Colaboradores Enfermos y Sufrientes, de personas de distintas creencias y nacionalidades.

1969: el premio Jawaharlal Nehru, para el Entendimiento Internacional.

1979: Gana el premio Nobel de la paz.

1980: recibe el premio Bharat Ratna, el más importante entregado a un civil en la India.

1982: Convence a palestinos e israelíes a cesar el fuego por un período suficientemente largo como para evacuar a 37 niños retardados que se hallaban en un hospital en Beirut, la asediada capital libanesa.

1984: fundó los Padres Misioneros de la Caridad.

1995: recibió el galardón artístico Dayawati Modi.

1997: murió el 5 de septiembre en Calcuta a los 87 años. Su cuerpo fue enterrado en la Casa Madre de las Misioneras de la Caridad.

2003: fue beatificada el 19 de octubre por el papa Juan Pablo II.

2016: fue canonizada el 4 de septiembre por el papa Francisco.

No importa que lo sigas si te rompieron los huesos el corazon eso será parte de seguirlo no todo será perfecto. La

Este libro se terminó de imprimir en el mes de abril de 2018
en **Mitre & Salvay**, Heredia 2952 Sarandí,
Provincia de Buenos Aires, República Argentina.

Fe es lo que necesitamos para ser buenos seres humanos